Amor on-line

Joanna Coles

Amor on-line

Como conseguir um relacionamento real em um mundo virtual

Tradução: Isadora Sinay

principium

Texto fixado conforme as regras do Acordo Ortográfico da Língua Portuguesa (Decreto Legislativo nº 54, de 1995).

Editora responsável: Amanda Orlando
Assistente editorial: Lara Berruezo
Preparação: Denise Schittine
Revisão: Julia Barreto, Bruno Fiuza e Rachel Rimas
Diagramação: Ilustrarte Design
Capa: Renata Zucchini

1ª edição, 2019

CIP-BRASIL. CATALOGAÇÃO NA PUBLICAÇÃO
SINDICATO NACIONAL DOS EDITORES DE LIVROS, RJ

C693a

Coles, Joanna

Amor on-line : como conseguir um relacionamento real em um mundo virtual / Joanna Coles / Tradução: Isadora Sinay. - 1. ed. - Rio de Janeiro: Principium, 2019.

256 p.
Título Original: Love Rules
ISBN 978-85-250-6699-2

1. Literatura Americana. 2. Auto-ajuda. 3. Relacionamentos. I. Coles, Joanna. II. Sinay, Isadora. III. Título.

CDD: 810
CDU: 82-31

Direitos exclusivos de edição em língua portuguesa para o Brasil adquiridos por Editora Globo S.A.
Rua Marquês de Pombal, 25
20230-240 – Rio de Janeiro – RJ – Brasil
www.globolivros.com.br

Sumário

Prefácio

Se você está lendo este livro é provavelmente porque está frustrada com sua vida amorosa. Você pode já ter um parceiro, mas suspeita que ele ou ela não é o amor da sua vida. Mas você não tem coragem de terminar. E se você não conseguir arranjar alguém melhor?

Ou você pode ser solteira, divorciada, viúva e está desejando o amor, tentando de tudo para achar um parceiro, revirando cada recanto digital — Tinder, Happn, Hinge e Bumble — atrás de *matches*. Você talvez tenha passado várias horas preenchendo cuidadosamente um perfil no eHarmony, ou tentando montar um perfil divertido no Match.com. Ou pediu para que todas as suas amigas te apresentassem alguém. Você investigou o perfil do Facebook de todas as pessoas por quem já teve uma queda no passado — e até mandou mensagem para algumas.

Mas você segue errando.

Você talvez se encontre em um círculo vicioso de animação e desapontamento — conhece alguém, vai para casa com ele ou ela e então acorda com remorso e se perguntando que raios está fazendo ali quando ele te cutuca e diz que desculpa, mas meio que precisa ir agora porque começa o dia cedo. Ou você pode estar febrilmente pensando à frente, já imaginando o casamento em um lugar romântico antes de terminar o primeiro drinque e o nome dos filhos que vocês vão ter durante o segundo. E então você nunca mais tem notícias dele. Nenhuma mensagem. Nem mesmo um *snap* de três segundos. Um fantasma total.

Enquanto isso, a vida de todo mundo parece estar indo superbem: seus amigos ficam noivos, se casam, têm filhos — nem sempre nessa ordem, claro, mas quem se importa? Eles têm algo acontecendo em suas vidas. E você se sente deixada para trás.

Ou talvez você já tenha sido essa pessoa que agora inveja — aquela com o namoro longo. Mas você terminou com ele depois da faculdade para viver novas experiências, e agora, aos 29, está se perguntando se foi um erro. Ele está noivo, você ainda está solteira e ninguém chegou perto de te tratar tão bem quanto ele. Ou talvez você tenha sido aquela que se casou cedo e tinha uma vida confortável, mas não funcionou. E aqui está você de novo, com 32 ou 52, precisando voltar ao jogo. Isso nunca fez parte dos seus planos. Ainda mais inimaginável, você nunca pensou que, quando finalmente postasse seu perfil em algum site de namoro on-line e fosse dar uma olhada nos seus *matches*, encontraria as Cataratas do Niágara de fotos de pinto, ou pior, vídeos. A vida on-line não é para os de estômago fraco.

A paisagem mudou radicalmente em um período muito curto. Não apenas a forma como conhecemos nossos parceiros em potencial, mas o quão honestas as mulheres finalmente estão sendo sobre o quão horroroso isso pode ser. Líderes, ícones e figuras em que confiávamos — em todos os campos da vida — caíram com uma velocidade extraordinária por conta de acusações de assédio sexual, e as mulheres, que por anos se sentiram esmagadas por um silêncio impossível, encontraram a voz para contar histórias muitas vezes terríveis de perseguição, assédio e humilhação. Esse é o outro motivo para eu ter escrito este livro: para ajudar as mulheres a navegar por um terreno que parece muito traiçoeiro, às vezes até perigoso.

Nós todos sabemos que encontrar o amor é possível: a história que você ouviu sobre a amiga de uma amiga que casou com um ganhador do Prêmio Nobel que ela conheceu no JDate... Pode funcionar e às vezes até funciona, certo?

Aguente firme, quem quer que você seja.

Este livro é para você.

Este é um livro de dieta para o amor.

Comida e amor têm muita coisa em comum. Nós temos apetites imensos por ambos. Não podemos viver sem eles. Mas nem toda comida é igual, assim como nem todo amor.

Assim como existe comida porcaria, há amor porcaria. E como a comida porcaria, o amor porcaria é rápido, conveniente, muitas vezes vem em uma embalagem atraente, está disponível em todo lugar e até nos dá a ilusão de que é gostoso. Mas as calorias vêm sem nenhum nutriente real e te deixam querendo mais, mesmo que também causem certa sensação de vergonha depois do exagero. E, ainda assim, tanto a comida porcaria quanto o amor porcaria requerem uma enorme força de vontade para resistirmos a eles.

Entre o ruído de conselhos nutricionais conflitantes, para mim, um livro se destaca por sua clareza.[1] É o *Regras da comida,* de Michael Pollan, um guia simples e sem firulas para se comer bem.

Em *Amor on-line,* espero fazer pelos relacionamentos o que Pollan fez pela comida. Ajudar mulheres a navegar por suas vidas amorosas nessa moderna, acelerada e — para muitas — incrivelmente solitária era digital. Nesse caso, as redes sociais e os sites de namoro on-line são o equivalente ao Walmart em nossa vida amorosa: você precisa passar por corredores e corredores de bolinhos e pacotes de Cheetos tamanho família até encontrar o setor de alimentos frescos. As maçãs orgânicas e amêndoas estão lá — você só precisa descobrir por que elas são importantes e depois onde e como encontrá-las.

Substitua maçãs por um relacionamento real e saudável, baseado em intimidade e confiança — com alguém que te faça se sentir bem consigo mesma. Alguém que ficará com você em longo prazo.

Para isso, criei uma série de orientações. São regras formadas a partir dos meus muitos anos trabalhando em revistas femininas como *Cosmopolitan* e *Marie Claire*. Elas foram moldadas por extensas consultas a psicólogos, cientistas sociais, antropólogos, médicos, professores universitários, terapeutas e líderes religiosos, assim como por conversas com as muitas mulheres jovens com quem trabalhei no setor de mídia. E, claro, com aquelas que conheci na última década como resultado do meu trabalho. As milhares de mulheres inteligentes e bem-sucedidas que estavam indo bem em tantos aspectos — profissional, financeiro, amigos, estilo etc. —, mas por outro lado se sentiam infelizes ou azaradas no amor. Elas criaram vidas invejáveis para si mesmas, mas sentem falta de alguém com quem dividir essa vida, ou com quem ter um filho, ou vários. É a única coisa que lhes falta. Ou, talvez, elas tenham dois filhos e um casamento fracassado e estejam consumidas pelo medo de nunca mais encontrar alguém com quem dividir a vida.

As regras que surgiram dessas conversas são, na essência, atalhos para o amor.

Este livro irá te permitir identificar o que você quer em um relacionamento e quando quer. Para isso, você precisa se voltar para dentro. Este livro, na verdade, é sobre se descobrir e cultivar sua autoestima para poder encontrar a pessoa certa com quem compartilhar o seu ser. E para fazer isso bem, você precisa aplicar à sua vida amorosa o foco muitas vezes obsessivo que dedica a perder peso, ficar em forma ou mudar de emprego.

Eu usei majoritariamente ele/ela e dele/dela neste livro, mas leia como quer que você se identifique, e qualquer que seja sua orientação sexual. *Amor on-line* se aplica a todos. Então, por favor, quando for relevante, apenas substitua os pronomes por aqueles da sua preferência.

E em uma nota mais ou menos relacionada: você vai perceber que alguns nomes dos estudos de caso foram trocados. Em meu trabalho como editora, eu normalmente não gosto de usar pseudônimos — sempre me fez sentir que as pessoas podiam exagerar qualquer coisa que estavam dizendo —, mas a natureza muito pessoal de algumas das histórias e de estudos de caso neste livro tornaram o pseudônimo necessário para proteger a privacidade dos envolvidos. Checamos cada uma das histórias, mas concordamos em dar a algumas pessoas o direito de trocar seus nomes.

É hora de mandar a real

Pense nisso como uma dieta. Isso significa contar cada caloria que entra ou sai. Uma caloria é uma unidade de energia — então, quantas vezes você checa o Tinder? Ou quantas horas você passou no Facebook obcecada com postagens de ex-parceiros? Essas são calorias emocionais, e elas usam sua energia emocional positiva, que poderia ser gasta de forma melhor em outro lugar.

Você precisa de uma contagem de calorias emocionais.

Quantas vezes você puxou papo com o cara bonitinho no seu café preferido? Quando foi a última vez que você fez sexo bom, daquele que te deixa se sentindo satisfeita e conectada? Ou esteve em um relacionamento que te fez se sentir realmente bem consigo mesma? Essas são as calorias que irão te sustentar.

Você precisa de uma contagem de calorias emocionais.

E as calorias que você nem percebe que está consumindo? O equivalente em batatas fritas que você roubou do prato de alguém no jantar. Você mesma não pediu as batatas, mas as comeu de qualquer jeito. Essas são as calorias incidentais, que te satisfazem no momento, mas podem causar um dano em longo prazo que é difícil de consertar. As ficadas aleatórias que podem parecer divertidas ou ousadas no momento, mas te deixam incomodada consigo mesma. Os buracos da internet em que todas nós caímos — de moletom em um sábado à noite, curtindo as fotos no Instagram das amigas que estão na balada e claramente se divertindo mais que você, ou comparando sua triste vida interior com a obviamente perfeita vida exterior que a sua colega de trabalho exibe no Facebook. Essas viagens podem parecer incontroláveis no momento, mas provavelmente não estão te ajudando a encontrar o amor.

Psicólogos buscam reconhecer padrões para poder entender e mudar comportamentos. Com a ajuda de *Amor on-line*, você pode descobrir suas intolerâncias e alergias e ser sua própria nutricionista emocional.

Da mesma forma que muitas de nós estamos acostumadas a manter um diário alimentar, anotando cada mordida que damos para entender nossos hábitos, é hora de manter um diário do amor. Um registro consistente do seu próprio comportamento pode lançar luz sobre seus padrões repetitivos que não levam a lugar nenhum — e te ajudar a identificar os gatilhos que os desencadeiam.

Nós todas sabemos que poucas coisas são mais exaustivas que um relacionamento ruim. E não há nada que melhore mais a vida do que um bom relacionamento. Faz tudo ter um gosto, uma aparência e uma sensação melhores.

Parte um

Faça um inventário

Regra #1
Estabeleça seu peso de amor ideal.

É HORA DE TIRAR a roupa e se olhar no espelho. Se pergunte: "O que eu quero de um relacionamento?" Qual é o cenário ideal? Seja honesta.

Qual é seu partido dos sonhos? E o que seria mais realista?

Todas nós temos um peso ideal. Se chegamos nele, nos sentimos felizes. Sensuais. Confiantes. E quando estamos dois, cinco — ou vinte — quilos fora dele, nos sentimos desproporcionalmente terríveis. Dá a sensação de que simplesmente não conseguimos retomar o controle, o que com frequência nos faz desejar comida pouco saudável ou comer mais. Então, em primeiro lugar, olhe de verdade para você mesma e sua vida amorosa atual.

É parecido com subir na balança. Quanto você pesa? É este seu peso ideal? Se não, qual é? E, de novo, seja realista. Se você tem 1,70m e pesa 70kg, mas quer pesar 55, se pergunte: "Eu já pesei isso algum dia?". Qual foi o mais magra que você já esteve? O que você precisou fazer para manter esse peso? Talvez 60kg seja mais realista — e saudável — para você.

Agora transfira isso para os relacionamentos. Claro, sua melhor amiga namora um cara que você acha que é "perfeito" — mas para quem? Esperamos que para ela. E para você? Quem é o equivalente aos 60kg em termos de parceiros potenciais? Não os 55kg, John Legend ou Ryan Gosling, mas um objetivo realista. Talvez até o cara que trabalha no departamento de TI da sua empresa e deixa bilhetes charmosos na sua mesa ou assina os e-mails de trabalho com um emoji de piscadinha. Ou o tímido estudante de filosofia no seu prédio que claramente tem uma queda por você. Você concorda com as suas amigas que ele é esquisito, mas se pegou pensando nele mesmo assim. E você na verdade se sente bem quando ele está por perto.

Esqueça o que os outros querem para você — sua mãe, sua melhor amiga, sua irmã, suas colegas, sua tia ou sua vizinha. Pense no que *você* quer. Isso é estranhamente difícil de fazer. Temos o hábito de sempre nos analisar com os olhos dos outros: é da natureza humana. A expressão "espelho de si próprio" foi cunhada pelo sociólogo Charles Horton Cooley,[1] em 1902, para descrever esse fenômeno em que definimos a nós mesmos por nossas interações com os outros. Esse espelho é ampliado mil vezes no mundo moderno, visto que há inúmeros pontos de comparação entre nós mesmos e os outros, e pode acabar nos desviando do nosso caminho. A pioneira ciberpsicóloga Mary Aiken, autora de *The Cyber Effect* [O efeito cibernético], coloca a coisa da seguinte forma: "Passamos todo o nosso tempo tentando compreender nosso 'ser'[2] a partir do feedback dos outros, em vez de realmente saber quem somos de verdade".

Então a primeira regra é começar a pensar em quem você realmente é e o que te atrai ou repele, te excita momentaneamente ou em longo prazo, porque essa é a chave para encontrar um relacionamento sustentável.

Então, de novo, pergunte a si mesma: "O que eu quero em um relacionamento?".

Há uma antiga expressão grega que precisamos revitalizar: conhece-te a ti mesmo. Hoje, passamos muito tempo da vida nos comparando com os outros — seja o "outro" sua melhor amiga ou a advogada que acabou de se casar com um empreendedor das novas tecnologias e já está grávida do primeiro filho aos 29 anos. Ou a colega que recebeu um aumento no seu lugar e já está indo para o terceiro encontro com aquele cara gato que ela conheceu no Tinder. Ou alguma das Kardashians e seu padrão de beleza inalcançável. Todo mundo está tão ocupado olhando, curtindo e idealizando a vida dos outros que passamos a definir nossos desejos e objetivos baseados neles, em vez de fazer o trabalho profundo de perguntar "o que *me* faz realmente feliz?".

Em um restaurante, podemos pedir sugestões,
mas não deixamos que outros nos digam o que comer.
Nós mesmas escolhemos algo do cardápio.

Todo mundo tem necessidades e vontades diferentes, a maior parte baseada em experiências passadas e aspirações futuras. Você pode na verdade gostar do cara quieto e tímido que trabalha na contabilidade e usa um cardigã velho e, pior, botas de escalada. Mas sua melhor amiga acha que você deveria sair com o instrutor extrovertido que flerta com você na academia. Seguir o que os outros pensam que é o melhor para você — mas que não parece certo para o seu coração e seus instintos — não é o que queremos aqui. Em um restaurante, podemos pedir sugestões, mas não deixamos que os outros nos digam o que comer. Nós mesmas escolhemos algo do cardápio. Ignore o ruído de fundo e a pressão cultural. Se pergunte: "O que eu quero em um parceiro?". Você precisa escolher por você mesma primeiro e se preocupar com os outros depois.

Lista de Tarefas
Estabeleça seu objetivo ideal para o amor

(Preencha as lacunas)

Eu quero encontrar:

____

Meu par ideal possui as seguintes qualidades:

____

____

____

Analise o que os outros dizem que querem para você e confronte com o que você quer para si mesma.

Pais:

____

Melhor amiga:

____

Irmãos:

____

Colegas:

____

Amigos na internet:

____

As expectativas deles a respeito do que você merece em um parceiro se alinham com o que você quer?

____

Se sim, em que são similares?

____

Se não, em que são diferentes?

____

Regra #2
Limpe seus armários e arrume a geladeira.

Uma vez que você decidiu o que quer num relacionamento, deve desenhar um plano de ação para conseguir isso. Como em qualquer dieta bem-sucedida, o plano começa com estabelecer um objetivo realista, mas o segundo passo é se manter firme a ele e se monitorar. E se não estiver funcionando — se você se pegar roubando, ou dando uma escapada —, então seja brutalmente honesta quanto aos motivos para ter tido esse tipo de comportamento.

É hora de começar a monitorar as informações da sua vida amorosa e então analisar os resultados. Seja sua própria analista de dados.

Vivemos em uma cultura em que podemos monitorar tudo: nossos passos diários, nosso sono REM, os carboidratos que ingerimos, nossos batimentos cardíacos. Então, é hora de começar a monitorar as informações da sua vida amorosa e então analisar os resultados. Seja sua própria analista de dados.

Leve essa tarefa tão a sério quanto qualquer outra em sua lista, seja encontrar um emprego, perder 5kg, treinar para uma corrida de 10km ou quitar sua dívida do cartão de crédito.

Então, por onde começar?

Compre um caderno e o dedique a isso. Claro, parece antiquado, mas estudos provam que você retém melhor a informação ao escrevê-la à mão, com papel e caneta, em vez de digitá-la em um teclado. Claro, se você realmente não consegue se ver escrevendo à mão, então sempre pode começar um diário no computador ou iPad. De qualquer forma, comece seu diário do amor voltado para um objetivo e faça com que escrever nele se torne um ritual à parte de suas listas de tarefas diárias e outros lembretes.

A meta é fazer isso de uma forma que você leve sua busca a sério. Por esse motivo, eu prefiro um caderno de qualidade, não um bloquinho desses que se ganha de brinde, mas um caderno bonito, que você vai gostar de abrir todos os dias. Tenho dezenas de cadernos, grandes, pequenos, alguns que escrevi até que acabassem, outros completamente vazios, apenas esperando seu momento de guardar ideias e planos. Eu os dou de presente e nunca saio sem um. Você nunca sabe quando vai precisar anotar algo — uma citação, um pensamento, uma ideia, um sonho, uma ambição. Mas esse caderno em particular tem um propósito. Inaugure-o como preferir: talvez com uma citação, o verso de uma música ou uma frase de alguém que você admira. E então encontre um lugar particular para guardá-lo, onde ninguém mais pensaria em procurar por ele, para que só você possa lê-lo.

Dê a você mesma uma hora, talvez até se sirva de uma taça de vinho, ou vá sentar em um café e então, na primeira página, responda à seguinte questão:

O que você mais quer na sua vida amorosa?

As respostas abaixo são apenas sugestões; você vai descobrir uma lista ampla e variada só sua.

Sexo divertido sem a obrigação de ligar depois?

Mais risadas? Mais confiança?

Alguém com quem viajar? Com quem explorar?

Alguém com quem assistir Netflix?

Alguém com quem você sabe que vai sair para não precisar pensar no que fazer num sábado à noite?

Alguém para te ajudar a superar o coração partido por seu último término?

Alguém com quem se casar no próximo ano e então começar uma família?

Alguém que vai te acompanhar nos eventos de trabalho que você acha tão desconfortáveis?

Se dê tempo para pensar de verdade nas suas respostas. Quanto mais você souber sobre si mesma e sobre aquilo que realmente quer, mais perto chegará de encontrar o que deseja.

Ao pensar bem e escrever sobre o que quer num parceiro, você ao menos tem um norte. O amor é imprevisível e surpreendente. Ele pode nos pegar desprevenidas. Não conseguimos prever exatamente quando encontraremos o amor da nossa vida, ou em quantos buracos vamos cair pelo caminho. Isso é ao mesmo tempo excitante e aterrorizante.

Parece desesperador não saber quando um relacionamento pode aparecer. E é muito frustrante. Se ao menos soubéssemos que em seis meses, ou mesmo em dois anos, vamos conhecer alguém, então poderíamos relaxar e aproveitar o caminho até lá.

Eu estou supondo que você tem um emprego, um lugar para morar, um armário com roupas suficientes, que você se importa com sua aparência física e em estar em forma, e que você tem uma rede de amigos e familiares. Nós entramos na vida adulta depois da faculdade e trabalhamos duro para conquistar todas essas coisas. Então por que encontrar um parceiro, alguém com quem dividir tudo isso, parece tão intimidante?

Ter vinte e poucos anos deveria ser uma das melhores fases da vida de uma mulher. Você terminou a faculdade e está pronta para explorar o mundo do trabalho e continuar a explorar sua sexualidade, com um ingrediente a mais agora, já que é a primeira vez na vida que só você — não seus pais ou a faculdade — coloca os limites. É um tempo de autodescoberta e aventuras e, se você estiver trabalhando, então também tem um pouco mais de dinheiro para experimentar coisas novas.

Além disso tudo, você está no seu auge sexual, que geralmente vai do meio dos seus vinte anos até os trinta, então é claro que você quer experimentar. É ótimo se divertir. Mas se você realmente quer um relacionamento sustentável, como muitas mulheres querem, está tudo bem admitir isso.

Se permitir isso é metade da batalha. "É muito difícil para as mulheres admitirem que é isso o que querem",[1] diz Helen Fisher, doutora, renomada bioantropóloga e autora de vários livros sobre amor, incluindo *Anatomia do amor*. "Muitas acham antiquado demais, mas a verdade é que encontrar seu parceiro de vida e/ou reprodução é algo que está integrado em todas nós. É o maior prêmio."

Inevitavelmente, o que pode parecer um prêmio quando você tem vinte anos não parece mais assim quando você tem trinta ou mais. Para aquelas cujos casamentos não deram certo, o novo mundo de parceiros potenciais pode parecer um ambiente hostil. Meu argumento é que não importa em que estágio da vida você esteja, ou qual sua idade, entender o que você quer e precisa em um parceiro nesse momento específico da sua vida ajudará a focar sua busca.

Da mesma forma que abrir seu extrato bancário e ver que tem dinheiro na conta pode ser um grande alívio, parar por um momento para refletir sobre seus objetivos de relacionamento te fará se sentir muito mais próxima de alcançá-los. Quem nunca levou alguém para casa, toda esperançosa, e então foi arrasada pelo anúncio, em geral logo após o sexo: "Foi ótimo, mas, só pra deixar claro, eu não estou procurando nada sério e espero que você entenda". Você faz que sim e finge concordar. Você pode até dizer: "Estou tão aliviada por você ter dito isso primeiro! Eu também não quero nada sério! Estou com tanta coisa acontecendo na minha vida!". E então você varre suas esperanças despedaçadas, se enfia de volta na sua calça skinny e finge não ligar. Mas você liga.

É hora de ser honesta com você mesma e com os outros.

Pense no quanto estamos confortáveis em fazer isso em outras áreas da nossa vida. Colocamos nossas ambições e desejos para aquele emprego ou carreira perfeitos sob um microscópio. Passamos três anos no ensino médio nos preocupando com o que estudar na faculdade e então mais quatro anos na faculdade nos preocupando se o que estamos estudando vai resultar em uma carreira que queremos. Se alguém duvida de nós, o acusamos de não ser ambicioso o suficiente. Mas não examinamos nossa vida amorosa com o mesmo nível de detalhes, exceto com nossas amigas depois de terem tomado algumas taças a mais de vinho, possivelmente as conselheiras menos objetivas do mundo! Não temos formação em inteligência emocional, porque de alguma maneira esperamos ter isso sob controle de forma inata, como se as circunstâncias fossem um dia nos presentear organicamente com o parceiro perfeito. E, no entanto, é muito mais fácil mudar de emprego ou profissão, ou mesmo de carreira, do que de parceiro amoroso, principalmente depois que vocês tem filhos.

Minha amiga Denise* tinha 35 anos, era solteira e queria uma família. Ela tinha acabado de vender sua companhia de viagens e percebeu que não podia mais continuar a "apertar o soneca" do seu relógio biológico. Então ela passou a procurar um parceiro com uma "intenção". "Não foi romântico", ela diz.

Ela foi a um happy hour de judeus solteiros com uma amiga e nenhuma expectativa. "Nós duas estávamos solteiras e decidimos que se estivesse chato iríamos sair para jantar." Isso foi em 2000, e foi naquele lugar onde ela conheceu seu futuro marido. Ele sugeriu uma trilha como primeiro encontro. Ela usou camiseta, shorts, tênis e pensou: "Eu quero conhecer alguém que vai me aceitar como sou", diz. "E eu me lembro de pensar que, mesmo que não rolasse, eu teria feito uma boa caminhada."

Rolou, e Denise não perdeu tempo. Os dois se casaram em 2002 e tiveram Katie em 2004. "Eu sou uma mulher de negócios, quando coloco algo na cabeça, normalmente consigo", explica. "Foi meu insight: eu tinha que pensar em achar um parceiro e formar uma família como eu pensava na minha carreira."

Na minha experiência, Denise é a exceção, não a regra. Embora nossos relacionamentos mereçam tanta análise quanto nossas vidas profissionais, eles normalmente não recebem esse tipo de atenção até ser tarde demais. É tão fácil se perder no romance e no alívio de um novo relacionamento que, às vezes, ignoramos os sinais de que deveríamos esperar outra pessoa, com

* Este e outros nomes indicados por um asterisco foram trocados para preservar a identidade das pessoas mencionadas pela autora.

quem temos mais em comum. Alguém que nos faça realmente feliz quando estamos juntos, ou que, no mínimo, nos respeite.

Nossos relacionamentos merecem tanta análise quanto nossas vidas profissionais, mas eles normalmente só recebem esse tipo de atenção quando é tarde demais.

É frustrante que seja tão difícil fazer isso. As mulheres têm mais "igualdade" do que nunca. Estamos "fazendo acontecer" na sala de reuniões, batendo o recorde de medalhas de ouro nas Olimpíadas e ultrapassando os homens na educação superior (a população dos cursos de graduação nos Estados Unidos atualmente é composta por 57% de mulheres e 43% de homens).[2]

Graças ao meu trabalho, conversei com milhares de jovens mulheres, e o que surpreendeu a mim e a elas é que, apesar de sua inteligência, ambição e capacidades, elas estão mais confusas do que nunca quando se trata de amor e relacionamentos. Sexo está amplamente disponível, inclusive sexo sem julgamentos. Ficar é fácil, embora muitas tenham me dito que não costuma ser tão satisfatório quanto elas gostariam. O discurso que ouvi várias vezes foi: "Eu amo a minha vida. Amo meu trabalho e meus amigos. Eu só nunca esperei me ver solteira. Simplesmente nunca pensei que estaria nessa posição".

Então, se você quer um relacionamento em que pode falar de forma confiante sobre um futuro como parte de um casal, agora é a hora de admitir isso. Coragem. Você não está sozinha. E, uma vez que você traçar seu objetivo maior — seja estar casada e com um filho quando tiver trinta e poucos anos ou estar em um relacionamento sério no final deste ano —, pode começar a focar nas táticas necessárias para alcançá-lo.

Lista de Tarefas

Crie o hábito de escrever no seu diário do amor e responda às seguintes perguntas:

Seu objetivo amoroso mudou desde que você completou os itens da Regra #1?

Se sim, quais são seus novos objetivos?

Você deu algum passo para alcançá-los?

Identifique seus gatilhos: o que você acha que está te impedindo de encontrar o amor?

Comece essa busca sendo honesta e consciente do que você quer e então se pergunte o que está te impedindo de alcançar seu objetivo.

Todas nós já tivemos esse momento em que vemos o biscoito, prometemos que vamos comer só metade e então comemos quatro e nos sentimos mal. Para algumas, isso vira um hábito diário. Para achar a melhor dieta de relacionamento para você, primeiro você precisa conhecer suas fraquezas.

Regra #3
Faça um *detox* de namoro para recalibrar seu metabolismo.

QUANDO VOCÊ PRECISA PERDER peso, ou só quer ficar saudável, é sempre bom começar com uma boa análise. A maior parte das mulheres que conheço tem um contador de calorias invisível flutuando sobre suas cabeças a cada refeição e possui suas próprias regras de contabilidade. É uma matemática alimentar, e não me diga que você não faz isso também. Você dispensa o pão ou passa as batatas fritas para poder beber dois *mojitos* e se sentir comportada. Soa familiar? Você corta carboidratos, mas então dobra a quantidade de proteína e chocolate e se vê ainda com fome, sem contar uma baita dor de cabeça. Você está fora de equilíbrio.

Nós mentimos para nós mesmas sobre nosso consumo emocional também. Você argumenta que dormir com um ex não conta de verdade, porque não é como se você estivesse aumentando o importantíssimo *número* de homens/mulheres com quem dormiu. O que você não percebe é que isso ainda conta como calorias emocionais — aquele inevitável diálogo interno sobre o que a nova namorada dele diria, em primeiro lugar, sobre os motivos pelos quais vocês terminaram. Isso não te faz avançar, te puxa para trás. E é energia que poderia ser mais bem utilizada em outro lugar.

Um bom nutricionista vai querer saber seus hábitos alimentares diários. Você aplaude a si mesma por se controlar perfeitamente até as quatro da tarde e então se desespera e sai em busca do que conseguir encontrar, a ponto de se sentir tão deprimida que jura que nunca mais vai comer — até começar esse ciclo todo de novo no dia seguinte? Você se restringe a uma casta taça de vinho por noite, bebida obsessivamente sempre na mesma hora? Ou você se convence de que dividir uma garrafa é muito mais econômico que pedir por taça?

Nutricionistas também irão te questionar até descobrir se você come calorias saudáveis o suficiente para manter seu corpo satisfeito e funcionando corretamente. E eles, com certeza, vão perguntar sobre seu histórico médico — coisas tipo a tendência da sua família para a obesidade, se você já teve um transtorno alimentar ou qual seu IMC.

Faça a mesma coisa com sua vida amorosa.

Em seu caderno (real ou digital), responda às seguintes perguntas:

Você já se apaixonou?

Quem foi seu primeiro amor? Foi mútuo?

Ele (ou ela) te tratou bem?

Você o (ou a) tratou bem?

Quantas pessoas você namorou? Por quanto tempo?

Como cada relacionamento terminou?

Qual é o seu tipo?

Quantos relacionamentos longos (mais de três meses) você já teve?

Você gosta de relacionamentos monogâmicos?

Você já traiu? (Seja honesta.) Por que você traiu? Como isso fez você se sentir? Como acabou?

Qual é o mais feliz que você já esteve em um relacionamento? O que te fazia tão feliz?

Quando foi a última vez que você se sentiu assim?

O próximo passo é fazer um inventário de todos os parceiros que você já teve. Inclua tanto os que não deram certo quanto aqueles com quem você teve relacionamentos de sucesso. Abra todos os armários do seu passado. Limpe o fundo do freezer. Você estoca Coca Diet, mas sempre passa para comprar um sorvete no caminho de volta do trabalho? Você diz que vai fazer exercício, mas então decide que está começando a ficar gripada e é melhor descansar? Algumas de nós preferem salgados, se empanturrando de pão e queijo, outras atacam os bolinhos. Outras se orgulham de almoçar apenas cenouras com queijo cottage, mas então devoram *donuts* às quatro da tarde.

Todos esses padrões podem ser aplicados a relacionamentos. Apenas substitua a comida por eles.

Quer você goste dos *bad boys*, ou tenha um fraco pelos sensíveis, ou fique indo de garotas para garotos, ou talvez só teve paixões não correspondidas, você provavelmente tem um padrão de relacionamento que precisa ser examinado para determinar quais são os hábitos corretos para seguir em frente. Você precisa admitir quais são suas fraquezas e desejos e realçar seus pontos fortes e momentos felizes também.

A maior parte dos livros de dieta promete uma versão sua mais magra e em forma dentro de dez semanas. Este livro não promete isso, mas, se você quer ter a chance de encontrar um relacionamento feliz e satisfatório, então precisa reconhecer seus padrões. Inclua cada ficada de uma noite só, cada escapada on-line. Não ignore as paixões não correspondidas também.

Se quer ter a chance de encontrar um relacionamento feliz e satisfatório, então você precisa reconhecer seus padrões.

Anote tudo: cada pessoa com quem ficou, que traiu ou por quem passou horas obcecada. Assim como você precisa se pesar toda manhã ou se olhar no espelho no início de qualquer dieta, você precisa começar seu *detox* de namoro sendo honesta a respeito dos seus relacionamentos passados.

E isso inclui seu papel em cada um deles. É hora de se perguntar por que você está solteira.

Entender como você se apresenta para o resto do mundo é fundamental. Antes de começar a dieta de namoro, imagine como seria sair em um encontro com você mesma. Como você é aos olhos dos outros? Se alguém der um Google em você, o que encontrarão? Que imagem você apresenta para o mundo? Considere o seguinte:

Você só posta fotos suas quando está bêbada? Ou com amigos bêbados? Ou fazendo coisas legais a que outras pessoas podem não ter acesso?

Você se mantém atualizada com as notícias?

Você se acha o melhor assunto possível numa conversa? Em outras palavras, você só fala de si mesma?

Você tem empatia?

Você é uma boa ouvinte?

Você parece ser absurdamente ambiciosa?

Faça uma *selfie* e, por um momento, saia de você mesma.

Como seria namorar você?

Se isso for muito difícil, então pergunte aos seus pais, ou irmã, ou a uma amiga. Trate isso como uma análise completa. Peça às pessoas em quem você confia para te dizerem com gentileza quais são seus pontos fortes e no que você pode melhorar. Você não precisa concordar com eles, mas eles podem te dar informações com as quais trabalhar.

Em seguida, compile uma lista de todos os seus términos. Há um padrão? Há um fio narrativo? Uma reclamação comum a seu respeito em vários relacionamentos? Egoísta demais? Bagunceira demais? Sem noção? Pão-dura? Dura demais? Pouco divertida? Divertida demais?

Há alguma crítica consistente que segue aparecendo? Algo a que você é supersensível? Se sim, talvez isso indique um elemento de verdade.

Isso me lembra minha amiga Danielle*, que não percebeu que era intolerante a lactose até ter seus trinta anos, quando pegou uma intoxicação alimentar horrível que a mandou para o pronto-socorro e a deixou internada por vários dias. A culpada foi uma costeleta de porco em um restaurante chinês, mas, quando ela lentamente começou a comer de novo, depois de três dias sem sólidos, ela descobriu uma forte reação a leite e laticínios. A reação à costeleta de porco estragada revelou sua crescente intolerância à lactose. "Eu tinha me esquecido do que era me sentir 'bem', porque eu tinha me acostumado a estar desconfortável e inchada", ela disse. "Foi só quando eu parei completamente de comer e então comecei a reintroduzir alimentos que consegui dizer imediatamente o que me fazia mal."

Intolerâncias alimentares são uma boa metáfora para namoros.

Seguindo as anotações que você já fez, volte e acrescente os amores não correspondidos, incluindo aquela sua primeira paixãozinha do jardim de infância. A minha foi Andrew, que eu conheci no primário. Ele tinha um topete louro e, de alguma forma, se declarou líder da turma, e todas nós amávamos receber sua atenção. Eu ainda consigo me lembrar da alegria de ser Rainha das Rosas ao lado dele na festa de verão. Ele era confiante e engraçado, e até começar a escrever este livro eu não tinha pensado mais nele — e tenho certeza de que ele também não pensou em mim! Mas, olhando para trás, ele inconscientemente criou o tipo de cara que eu acharia atraente — e eu saí com muitos como ele. É importante se lembrar de todas as pessoas por quem você já se apaixonou, porque você provavelmente vai ver um padrão — quietos, barulhentos, engraçados, reservados, agitadores, excluídos, certinhos, líderes — emergir.

Escreva o nome da sua primeira paixonite. Foi ele ou ela? Quantos anos você tinha? Como a atração começou? Como terminou? Então, responda às seguintes perguntas:

Como você resumiria seu histórico amoroso?

Você é uma monogâmica em série?

Você não consegue se comprometer?

Você se acha sortuda/azarada no amor?

Com quantas pessoas você já fez sexo? Quantas foram resultado de um encontro on-line? Quantas relações sexuais com completos estranhos?

Qual a melhor parte de fazer sexo com alguém que você não conhece?

Qual a parte mais agradável de fazer sexo com alguém?

Se você está em um relacionamento e se sente infeliz, por que continua nele?

Do que você tem medo?

O quanto você muda em sua personalidade quando está perto do seu namorado ou namorada?

Você já teve alguma experiência em que não teve certeza se tinha sido abusada? Se você já foi abusada, escreva isso também. É muito comum e uma das razões que me levaram a escrever este livro.

Anote todos os encontros de que conseguir se lembrar. Inclua cada *crush* de Facebook. Anote quantos minutos você passou fuçando as fotos das férias dele ou contando quantas vezes aquela garota deu *like* nas fotos dele no Instagram. Já que está aí, some quanto tempo você passou esperando seu namorado querer (a) morar junto (b) te pedir em casamento (c) sair da casa da mãe dele para um apartamento próprio e (d) te levar a algum lugar aonde você realmente queria ir.

Pare de reclamar sobre como relacionamentos são horríveis e comece a analisar o que realmente está acontecendo na sua vida amorosa para torná-la horrível.

Olhe para os dados.

Assim como é fácil cair em hábitos alimentares ruins, é fácil cair em hábitos amorosos ruins.

Por exemplo, Sally, a filha de uma amiga que estava no segundo ano de uma boa faculdade de artes. Uma noite, no jantar, perguntei a ela como eram seus fins de semana. Não esperava a resposta que ela me deu.

"Bem", ela respondeu casualmente, "eu e minhas amigas saímos nas noites de sexta, ficamos bêbadas e pegamos alguém. E, nas manhãs de sábado, nós vamos até a farmácia comprar pílulas do dia seguinte."

Eu sabia que a pílula era fácil de conseguir — vendida em máquinas nos campi e em farmácias — e que muitas jovens não tomam anticoncepcional porque temem que os hormônios sejam prejudiciais para sua saúde. Mas mesmo assim fiquei chocada com a confissão blasé de Sally e preocupada com ela. Ali estava uma garota inteligente e bem-educada que eu conhecia desde que ela ia saltitante para o jardim de infância. Agora Sally admitia que ela e as amigas saíam à noite sabendo que alguma delas poderia transar sem proteção com um desconhecido, o que as deixava vulneráveis tanto a DSTs como à gravidez. "Pílula do dia seguinte" soou quase como uma medalha de honra, algo tipo: "Ah, meu Deus, eu estava tão bêbada ontem à noite que nem me lembro se transei!".

Eu também fiquei perturbada com o quanto essas sextas à noite pareciam horríveis. Esquentas para em seguida fazer sexo já quase desmaiadas de tão bêbadas. Essa era a nova diversão nas faculdades? #PílulaDoDiaSeguinte&Brunch! Ninguém na turma dela dizia: "Na verdade, isso não é divertido e provavelmente não está nos fazendo muito bem?" Eu arquivei a informação em uma gaveta mental para discutir com a equipe da *Cosmo* depois e, então, nas semanas seguintes, comecei a perguntar para outras jovens se aquele cenário parecia familiar.

Parecia.

Soou muito familiar para as estagiárias do escritório, para as leitoras, para mulheres que queriam contar como são os relacionamentos para as garotas de vinte anos. E para Leah Fessler, cujo trabalho de conclusão de curso[1] no Middlebury College foi a respeito da cultura da pegação e então publicou um artigo notável no *Quartz* a respeito de suas descobertas chamado "Muitas mulheres não gostam da cultura da pegação — então por que nos forçamos a participar?", que viralizou rapidamente.

Isso foi em maio de 2016, e a frase que mais chamava a atenção era: "O fato de que muitos desses caras nem sequer faziam contato visual comigo depois te termos transado, ou fugiam de mim em festas, era a coisa mais dolorosa".

Enquanto encomendávamos cada vez mais histórias para a *Cosmo*, eu me pegava pensando: Onde estão as boas histórias sobre sexo? Onde estão as histórias de amor gloriosas? As histórias sobre romances maravilhosos, sobre desejo, sobre esperar que aquela pessoa em quem você não consegue parar de pensar te note, ou mande uma mensagem, ou, caso você ouse sonhar com isso, aceite sair com você?

E, mais importante, por que não havia menção à palavra que assombrou minha adolescência e juventude: amor?

Hoje em dia se fala muito em conexões, mas há muito pouca confiança nessas conexões. Há muita facilidade em ficar com alguém, mas nem sempre muito prazer nisso. Os objetivos que as mulheres são pressionadas a aceitar passaram de amor para sexo. Vivemos em um mundo onde homens e mulheres podem dizer: "Eu quero transar hoje à noite. Deixa eu entrar na internet e ver quem está por aí". Nunca houve tanta opção para se encontrar um parceiro, qualquer que seja sua idade ou fase da vida. É um novo momento.

Hoje em dia se fala muito em conexões, mas há muito pouca confiança nessas conexões. Há muita facilidade em ficar com alguém, mas nem sempre muito prazer nisso.

E, nesse novo mundo, as mulheres precisam ser muito claras com elas mesmas a respeito do que querem desse arranjo.

Então, em seu diário de relacionamentos, anote cada *snap* que te deixa sem fôlego, cada curtida no Tinder que te deixa esperançosa, cada flerte na cafeteria que te dá um frio na barriga. Tudo isso importa.

Você já começou a anotar as coisas, e meu palpite é que as primeiras verdades emocionais passaram a aparecer como resultado.

Você sempre se apaixona pelo cara que te ignora?

Você fica com pessoas que te fazem se sentir mal com você mesma?

Você se vê reprimindo o que realmente quer por medo de assustá-lo ou assustá-la?

Você espera mais de seus interesses amorosos e finge que não se importa quando eles não correspondem?

Uma vez que você tiver pensado bem sobre seu passado, comece a pensar no futuro.

Quem você pensa que realmente é o melhor par para você?

Quais são as características que você sente que precisa num parceiro?

Ele ou ela precisa ter boa aparência? Ser gentil? Ter estabilidade financeira? Uma veia artística?

Faça uma lista detalhada das dez qualidades que você está buscando e não esqueça de incluir o que pensa a respeito de filhos. Você quer, já os tem? Você é alguém que nunca sentiu essa vontade e está feliz sem crianças? Qualquer que seja sua posição, coloque-a no papel (ou digite no teclado).

Quais são suas exigências? O que te faz pular fora? E por quê?

Você sempre escolhe os introvertidos melancólicos que sentem ciúme quando você quer ver seus amigos? Você desenvolve paixões loucas por pessoas do trabalho, mas é tímida demais para sequer falar com elas? Ou você continua ficando com seu ex porque ele mora no mesmo prédio que você e é mais fácil do que sair para o mundo?

Quais são seus padrões?

Identificar seus padrões nocivos é o primeiro passo para se livrar deles. Assim como você todo dia come um brownie às quatro da tarde com seu café com leite desnatado. Ou não consegue imaginar ver um filme sem engolir um balde grande de pipoca com sabor artificial de manteiga.

Quais são esses desejos e fraquezas quando se trata de amor? E como você pode se livrar deles?

E, já que está aí, este é um bom momento para analisar seus amigos e fazer uma limpeza de amizades:

Analise *todos* os seus relacionamentos. Não apenas os ex que te deixaram devastada, ou o atraente, mas irritante, pau amigo que se recusa a dar um passo além de dormir com você na terça e te ignorar durante o resto da semana, mas também os amigos que dizem, enquanto você se angustia a respeito do caminho certo, que "pelo menos você está transando".

Amigos realmente vêm e vão ao longo da vida. E amizades mudam conforme você evolui. Corte os amigos que te fazem se sentir bem no momento, mas mal no caminho para casa na manhã seguinte. Em vez disso, foque naqueles que te fazem se sentir bem consigo mesma e te dão boas energias: as frutas e verduras da vida.

Está tudo bem deixar as pessoas para trás.

Alguém que te fez bem aos 22 anos não necessariamente tem o mesmo apelo aos 35. Isso se aplica a interesses amorosos e bons amigos. Nossas amizades femininas são tremendamente importantes, o alimento da nossa vida, mas elas não necessariamente ajudam no campo do romance. Elas podem florescer no seu drama. Amigas podem ter ciúmes ou insistir que sabem o que é melhor para você. Elas podem até sabotar parceiros em potencial. Então cheque suas amizades: você tem amigos que apoiam suas decisões ruins? Que permitem seus piores hábitos? Ou que gostam do sofrimento? Que te fazem sentir fora do controle? Suas amigas fazem coro com você na afirmação de que você intimida a maioria dos homens, quando a verdade é que você pode (às vezes) ser de fato espalhafatosa e meio rude?

Estenda seu *detox* às amizades.

Então estenda seu *detox* às amizades. Eu não estou sugerindo uma daquelas limpezas radicais em que você deve viver de água com pimenta caiena durante dez dias e acaba delirando. Mas vale a pena sofrer com as dores de cabeça que um *detox* decente causa quando seu sistema retoma o equilíbrio sem a porcaria de sempre.

É hora de seguir em frente.

Parte dois

Saia. Enxágue. Repita.

Regra #4
A esteira não corre sozinha. Suba e comece.

ASSIM COMO AQUELE APLICATIVO de exercícios que você assinou na esperança de que ele, de alguma forma, fizesse sumir seus pneuzinhos, os aplicativos de namoro são meras ferramentas em seu arsenal para encontrar um parceiro. A bola de pilates não faz os abdominais por você. Uma conversa sugestiva com um *match* no Tinder pode te dar uma onda de dopamina, mas não é um substituto para encontrar a pessoa ao vivo, ou telefonar e ouvir a voz de alguém.

Aplicativos de namoro são geniais porque eles te ajudam a encontrar parceiros potenciais. Mas só você pode decidir quais deles vale conhecer. "Esses não são sites de namoro, são sites de *apresentação*", diz Helen Fisher. "O único bom algoritmo é seu próprio cérebro."

Sean Rad, cofundador do Tinder, concorda. "Nada imita a vida real", diz ele. "Não há substituto para ela."

O namoro on-line nos dá a ilusão de que namorar é fácil. Sua rapidez e seu fácil acesso te dão a falsa sensação de que, quando você encontrar a pessoa na vida real, vai saber instantaneamente se ele ou ela vale um segundo encontro. Mas a ideia do amor à primeira vista é profundamente falha. Todas nós temos amigas que sofreram a humilhação de se arrumarem todas para encontrar um *match* on-line promissor e então verem a pessoa chegar na mesa, olhá-las rapidamente e dizer: "Ei, você está linda, mas eu sei que isso não vai funcionar, então não vamos perder tempo". A verdade é que você não tem como saber se alguém é um bom par em três segundos.

"Na vida real, você pode conhecer alguém no trabalho e achá-lo um completo idiota por um ano inteiro", explica Fisher. "E então, com o tempo, você descobre que ele é gentil, divertido e adora jogar tênis, assim como você. O sistema natural de conhecer alguém está sendo enterrado pelas pessoas que esperam romance imediato no primeiro encontro." Parece contraintuitivo neste mundo hiperconectado e super-rápido — desconfortável, também. Mas são esses momentos esquisitos em que estamos nos conhecendo, em lugares da vida real, que o amor começa a florescer.

Rad criou o Tinder para replicar a experiência de um café ou bar — sem o desconforto todo. "A tese central por trás do Tinder é que o problema fundamental que impede as pessoas de irem dar *oi* para alguém que lhes chamou a atenção é que não há contexto para isso", explica. "Então, não há uma razão socialmente aceitável para dizer *oi*. O timing pode ser ruim, as circunstâncias podem ser ruins. Isso é externo. O mecanismo interno operando aqui é o medo humano da rejeição."

É muito mais fácil se acomodar no sofá e ficar passando perfis, seja sozinha ou com as amigas. Você escaneia centenas de possibilidades, cria um perfil para cutucar ou mandar mensagens para todas elas e responde àquelas que fazem o mesmo com você.

Mas você ainda precisa encontrar aquela pessoa e ter uma conexão real para que essas ferramentas funcionem, e é por isso que deve experimentar toda a oferta de aplicativos de namoro até achar o que parece certo para você, seja Tinder, Happn, Hinge,

Bumble, Coffee Meets Bagel, JDate ou qualquer outro das dezenas que estão por aí.

Mas você ainda precisa encontrar aquela pessoa e ter uma conexão real para que essas ferramentas funcionem, e é por isso que deve experimentar toda a oferta de aplicativos de namoro.

Aplicativos são como carros, é preciso manuseá-los com cuidado. Não há nada parecido em termos de ampliar seus horizontes e te lançar em jornadas que você jamais teria imaginado, mas você precisa tomar cuidado. Você precisa saber em que marcha está e ter certeza de que deu seta, para que as pessoas também saibam para onde você quer ir.

Você também precisa banir todas as expectativas de que um *app* vá te levar direto ao príncipe encantado, já que ele não existe (veja a Regra #15). Segundo Esther Perel — a brilhante terapeuta de casais,[1] autora de *Casos e casos* e apresentadora na série de *podcasts Where Should We Begin?* ("Onde devo começar?") sobre amor, sexo e relacionamentos — isso é, sem dúvida, pressão demais para colocar em uma pessoa só. "Quanto mais liberdade você tem, quanto mais os relacionamentos se parecem com um livre mercado, mais você tem que lidar com a incerteza de saber se aquela é ou não a pessoa certa", diz Perel. "Quanto mais liberdade você tem, mais você é tomada por dúvidas e incertezas. Você sabia que tipo de pessoa levar para casa, que classe social, tipo de educação, religião, todas essas categorias eram um processo de seleção, categorias de acasalamento. Agora, o mundo está aberto e você precisa dar segurança a si mesma."

Expanda sua rede de contatos

Esse é o dilema de estar tão excessivamente conectada. Isso coloca muita pressão na busca por essa pessoa específica que será a resposta para todos os seus anseios. Pensar nos aplicativos de namoro dessa forma é pouco realista e vai te deixar louca. Em vez disso, use esses *apps* para expandir seu círculo social da vida real. Aplicativos de namoro são entendidos e utilizados melhor como ferramentas de apresentação. Eles podem te apresentar a pessoas que podem, por sua vez, te apresentar a alguém — talvez um melhor amigo, irmão, colega ou primo — que você ache especial. Esses *apps* são uma forma poderosa de aprimorar o que Rad chama de "um desejo humano inato de conhecer outras pessoas e expandir sua rede social".

Eu amo a forma como ele usa a expressão "rede social" aqui, e sempre senti que os aplicativos de namoro deveriam investir mais nessa ideia. Porque o real poder deles é oferecer a possibilidade de conhecer pessoas que já estão nas margens do seu mundo e com as quais, de outra forma, você poderia perder a chance de se conectar, porque vocês normalmente não estão no mesmo lugar na mesma hora. Pense em todas as pessoas que já conheceu e a alegria de descobrir que, na verdade, vocês estavam na mesma festa dois anos atrás, mas não se conheciam ainda; ou estavam de férias na mesma praia durante o mesmo ano, mas não se cruzaram.

Então, em vez de pensar "como encontro um parceiro?", pense: "Como eu posso expandir meus contatos? Como posso criar mais possibilidades na minha vida, seja para relacionamentos ou amizades?".

Repense os aplicativos de namoro como uma forma de conhecer mais pessoas, em vez de uma maneira de conhecer "a pessoa certa". De qualquer forma, você provavelmente não vai conseguir identificar a pessoa certa só com um *match*. Mas você pode conhecer alguém com quem valha a pena tomar um drinque.

E ele pode ter um melhor amigo ou irmão com quem você acaba saindo por seis semanas, ou você pode acabar apresentando sua amiga ao irmão dele.

Os sites de namoro estão na verdade começando a fazer mais isso. O Tinder Social foi lançado em 2016 como uma forma de fazer amigos e se conectar com outras pessoas que querem passar uma noite ou tarde indo à praia, a um show ou a uma viagem rápida. Para usar o *app*, você cria um pequeno grupo com seus amigos já existentes. Então, o Tinder Social cria *matches* entre vocês e outros grupos e, assim como no Tinder normal, você desliza para a direita ou para a esquerda até encontrar grupos com que se juntar. Então, um grupo pode convidar o outro para um festival de cerveja, ou para jogar vôlei no parque naquele sábado.

É aqui que a tecnologia realmente funciona. Com o trabalho tomando tanto do nosso tempo durante a semana, nossa capacidade para conhecer tanto parceiros potenciais como novos amigos fica normalmente limitada a sextas e sábados à noite. Isso também vai depender de onde você mora. Se for uma cidade de tamanho razoável, então você tem muitas oportunidades de conhecer pessoas. A questão é como refinar essas oportunidades de forma a encontrar algo de que você realmente goste. E se você mora em áreas rurais ou menos populosas e, para ter variedade, precisa esperar que seus amigos convençam seus primos de fora a fazer uma visita, então as redes sociais te conectam com pessoas que podem morar perto, mas com quem você não encontraria de outra forma.

Desde que os use com cuidado, aplicativos de namoro são uma ótima ferramenta. O Centro de Pesquisa Pew mostrou que o número de pessoas entre 18 e 24 anos[2] que os utiliza quase triplicou:[3] de 10%, em 2013, para 27%, em 2016. No fim, as estatísticas estão a seu favor. Use os *apps* regularmente e você terá muito mais oportunidades de conhecer pessoas do que só indo a um bar ou a uma boate três vezes por semana.

Então vamos ser claras quanto ao que a ideia de usar *apps* com cuidado significa. É por isso que gosto da analogia com aprender a dirigir. Se você entrasse num carro pela primeira vez, pisasse no acelerador e saísse correndo sem prestar atenção no que os outros estão fazendo, você acabaria num hospital. Com os aplicativos, você também precisa entender para onde quer ir, sinalizar isso claramente, observar os sinais das outras pessoas e, se estiver em dúvida, desacelerar, encostar ou parar de vez.

Uma autoridade global em comportamento digital, a ciberpsicóloga Mary Aiken alerta que as pessoas podem ter problemas quando confundem a internet com a vida real. "O ciberespaço é um espaço aonde vamos, é um ambiente imersivo, não um meio transacional como asssitir à televisão", explica. "Quando você fica on-line, você imerge psicologicamente. Você se sente anônimo. E se desinibe."

Às vezes, o poder do anonimato on-line pode ser bom para explorar você mesma e sua sexualidade. "Ninguém fica grávida ou pega uma DST com *sexting*, por exemplo", diz ela. O problema, no entanto, é que o perfil que criamos on-line — seja no Tinder, Instagram, Facebook ou LinkedIn — é um ser a que aspiramos. No universo do namoro, isso se aplica a você e ao parceiro potencial. "Então, ele está apresentando essa entidade aspiracional e altamente manipulada", diz Aiken. "Assim como você."

O perfil que criamos on-line – seja no Tinder, Instagram, Facebook ou LinkedIn – é um ser a que aspiramos. No universo do namoro, isso se aplica a você e ao parceiro potencial.

Em resumo, tanto você quanto a pessoa com quem você está flertando on-line não estão apresentando seu "eu" de verdade. "Na ciberpsicologia, nós nos referimos à teoria de Walther da Interação Hiperpessoal,[4] que diz que, quando você está em um ambiente comunicacional mediado pelo computador, só recebe peças de informações selecionadas pela outra pessoa, então você tem a tendência de preencher os vazios com atributos positivos", Aiken explica. "Isso te leva a idealizar essa pessoa com quem você está se comunicando."

Adultos também precisam ter medo de estranhos

Acrescente a isso o que Aiken chama de "síndrome do estranho no trem",[5] na qual falar com alguém que você não conhece, e pode nunca mais ver de novo, pode te levar a compartilhar facilmente informações pessoais. "A conversa on-line pode disparar rapidamente", diz Aiken. "E as pessoas podem discutir conteúdo sexual muito mais rápido do que fariam em um contexto do mundo real."

Estudos sobre exposição pessoal descobriram que pessoas contam muito menos sobre elas para alguém que conhecem na vida real. On-line, Aiken explica, o nível de exposição duplica.[6]

Aiken acredita que a internet deveria mostrar um aviso para "tomar cuidado com estranhos" toda vez que alguém entrasse. "A pessoa que você conhece on-line, não importa o quão bem você ache que a conheça, ainda é uma estranha", ela argumenta. "E muito do que você pensa a respeito dessa pessoa é idealizado: você preencheu os espaços com o que você quer que ela seja. Então, você está criando essa pessoa." O ponto de vista dela é importante: "O namoro on-line comporta gente demais. Há quatro pessoas ali: dois seres normais e reais e dois seres virtuais."

Depois de ter flertado um tanto on-line, é fácil seguir para um encontro real com expectativas divergentes. O que acontece no ambiente virtual não é o mesmo que uma preliminar para a vida real. A dissonância entre o relacionamento no mundo real e no on-line pode explicar o aumento em seis vezes nos números de agressão sexual[7] associados a encontros virtuais.

Sim, você leu certo. Seis vezes. As estatísticas mais recentes vêm da Agência Nacional de Segurança do Reino Unido, que descobriu o que eles chamam de "um novo tipo de agressor sexual": agressores que não eram conhecidos da polícia e não tinham histórico de assédio. Cerca de 71% das agressões reportadas[8] aconteceram em um primeiro encontro, na casa da vítima ou do agressor. "Pode ser que a escala e a amplificação do relacionamento — falar de conteúdo sexual muito rapidamente — signifiquem que uma ciberintimidade foi criada", Aiken explica. "Então, quando um encontro de verdade se concretiza, há uma expectativa de que algo a mais aconteça."

Essa é a razão precisa de por que é tão importante ter regras (veja Regra #5) para o namoro on-line — voltando à minha comparação com a autoescola — e se ater a elas. E a primeira dessas regras é óbvia. Nunca concorde em encontrar um estranho, mesmo que vocês tenham trocado milhares de mensagens e tenham dezenas de amigos em comum no Facebook, na casa dele ou dela no primeiro encontro. E se ele insistir, corte a investida. Se encontrem em público, num café, num bar, com outras pessoas em volta que informalmente policiam vocês. E sempre diga a uma amiga para onde está indo e com quem está. Eu tenho uma amiga que, quando sabe que quer ir pra casa de um contato do Tinder, pede para ver a carteira de motorista dele, tira uma foto e então manda a mensagem para uma amiga dizendo o que está acontecendo.

Outra regra é, tome um drinque, mas não fique bêbada com estranhos, não importa quantos segredos vocês tenham trocado on-line. Aproximadamente metade das agressões sexuais envolve álcool,[9] de acordo com o Instituto Norte-Americano de Prevenção ao Alcoolismo. (Veja Regra #8 para mais sobre a influência do álcool nos encontros.)

A maior parte das mulheres possui as próprias regras a respeito de namoros on-line. Cindy Gallop — a fundadora e CEO do MakeLoveNotPorn, uma plataforma de vídeos sexuais onde o conteúdo é gerado pelos usuários que quer subverter a indústria do pornô (veja Regra #10) — ama aplicativos de namoro on-line e adotou um processo de três etapas antes de sair em um encontro real com alguém que conheceu virtualmente.

"É o filtro triplo da Cindy Gallop", diz. Primeiro, ela escolhe homens com base na aparência: especificamente, sua definição de atraente, e não o que seus amigos vão pensar se ela aparecer com ele numa festa. "Eu não estou procurando o maxilar esculpido, a beleza limpinha. Não ligo para o que é convencionalmente atraente", explica. "Eu realmente só ligo se ele é atraente para mim."

Então, ela testa isso pedindo pelo menos três fotos, uma recente e de corpo inteiro. "Não há nada de errado em dizer isso, porque todo mundo sabe por que você está pedindo", diz. "Se alguém se recusar, sai imediatamente da lista."

Seu segundo filtro é um teste escrito. "Eu prefiro e-mail a mensagens de texto, que são uma forma muito mais casual de comunicação", diz. "E insisto para que as mulheres deem uma folga aos homens, porque eles não têm ideia de como abordar uma mulher on-line, ou off-line." O ponto dela é que os e-mails podem ser desajeitados, ou mesmo rudes, mas são um bom barômetro de alguma química potencial. "Isso é completamente subjetivo", diz. "Para mim, erros de ortografia querem dizer que não vai rolar."

A terceira e última prova é falar *ao telefone*. "Homens mais novos em particular resistem a isso", explica. "Mas insista. Peça o número dele e ligue. É aí que você vai descobrir se gosta do som da sua voz, o que pode te dizer muito. Você também descobre se vocês conseguem manter uma conversa ao telefone, porque, senão, então com certeza também não conseguem tomando um café ou drinque."

Ah, a questão do telefone. Eu entendo por que as pessoas odeiam falar ao telefone. É complicado. Te coloca na berlinda. Vocês falam por cima um do outro, a ligação cai, ele liga de volta e você não pode falar naquele momento. Você faz uma piada, mas ele pensa que é séria. É *tão* mais fácil mandar uma mensagem ou um e-mail.

Mas a razão pela qual você deve ligar para *todos* os *matches* antes de marcar um encontro ao vivo é que uma ligação te dará muito mais informação do que uma mensagem. Você precisa mirar em sinais. Há o som da voz dele, para começar. Em um nível muito básico: você gosta dela? Você poderia ouvi-lo por uma hora? Ele soa como a idade que diz ter? Ele parece gentil? Desligado? Grosso? Psicopata?

Tenha uma lista de questões leves pronta. Comece com uma referência a algum time local, uma banda que esteja na cidade, um livro que você esteja lendo, alguma notícia recente.

O objetivo é descobrir se vocês falam a mesma língua. Não quero dizer literalmente, mas vocês entendem as referências e os gostos um do outro? Ele é educado ou agressivo? Você precisa ter uma ideia dos valores dele. Ele se importa com as coisas que você faz? Estar avisada é estar preparada. E, lembre-se, ele também está procurando sinais. *Você* soa como você mesma?

O objetivo é descobrir se vocês falam a mesma língua. Não quero dizer literalmente, mas vocês entendem as referências e os gostos um do outro?

Isso não é só para proteger seu tempo valioso. Você precisa usar suas habilidades de detetive-psicóloga para preservar sua energia emocional. Se você se vê em um ciclo sem fim de encontros com caras da internet, algo não está funcionando, e você precisa aprimorar seu processo de seleção.

Encare isso como um processo de seleção no seu trabalho. Sim, o departamento de RH procura no LinkedIn, mas eles ligam, falam no FaceTime ou Skype antes de comprometer o tempo de um gerente com uma entrevista com um candidato. É exaustivo ficar tendo *matches*, se animando e, em seguida, conhecendo pessoas com quem você não dá certo.

Gallop ama a eficiência do telefone. "Se não está indo bem, a qualquer momento você pode falar 'Foi bom conversar com você, mas não acho que vai funcionar. Tchau'."

Contudo, se vocês tiverem uma boa conversa e você gostar do som da voz dele (ou dela), então marque um primeiro encontro. Gallop garante que será bom, porque essa pessoa já não é um estranho completo. "Eu me encontrei com homens com os quais não havia nenhuma química, mas, por causa desses três filtros, foi um primeiro encontro perfeitamente agradável, em vez de embaraçoso e desconfortável, algo que nenhum de nós tinha tempo para enfrentar", explica.

Aiken concorda que uma ligação preliminar é importante. Mas sua maior preocupação em relação às mulheres que procuram o amor on-line é o quanto os aplicativos de namoro são dominados por homens. "Nós passamos tanto tempo lutando por nossos direitos enquanto mulheres mas, mesmo assim, vivemos em um ciberespaço que é quase exclusivamente desenhado pelos homens", comenta. "Mulheres precisam estar ativamente engajadas em ajudar a desenhá-lo."

Por sorte, isso está começando a acontecer. Tinder e Match.com estão entre os dez[10] *apps* de namoro mais usados, segundo um estudo da Applause, uma companhia de análise de aplicativos; no entanto, dois dos aplicativos mais falados atualmente — Bumble e Coffee Meets Bagel — foram fundados e são comandados por mulheres. Whitney Wolfe saiu do Tinder, que ela ajudou a fundar, e decidiu criar uma "rede social de positividade" baseada em gentileza para jovens mulheres chamada Merci. O slogan era "elogios são contagiosos", o que significava que usuárias só podiam deixar elogios nas páginas umas das outras. "Eu queria fazer algo em resposta à falta de responsabilidade on-line", ela explica. "Quando eu era criança, você não podia perseguir alguém na escola sem sofrer consequências. Você não pode avançar o sinal vermelho ou ultrapassar o limite de velocidade imprudente. Quais são as consequências digitalmente? Elas não existem."

Quando seu sócio perguntou "por que não fazer isso no mundo do namoro? Ele precisa disso", Wolfe, com 28 anos, olhou para suas próprias experiências como uma mulher jovem e solteira e percebeu que ele estava certo. Ela começou o Bumble porque sentia que tinha tido sucesso em inúmeros aspectos da vida, exceto nos namoros. "Eu era confiante suficiente para viajar o mundo, estudar fora e abrir minha própria empresa", diz. "Ainda assim, me sentia muito impotente quando se tratava de namorar. Tudo se resumia à minha incapacidade de tomar uma atitude", explica, lembrando-se das "horas de agonia" na época da faculdade, esperando que os caras mandassem mensagens depois de um encontro. "Sempre que eu tomava uma atitude, eu era dispensada ou criticada por amigos ou pelos padrões da sociedade", conta ela. "A dinâmica era louca."

Ela começou a perguntar às suas amigas a respeito de suas experiências com encontros e percebeu que não estava sozinha. "Quase todas as mulheres que conheço já estiveram em relacionamentos disfuncionais", diz ela. "Todas essas mulheres maravilhosas e brilhantes em um estado de constante desespero por causa de namoros realmente é uma questão de poder e dinâmicas de gênero." O que começou como uma rede social se transformou no Bumble, um site de namoro que colocava as mulheres ao volante, uma decisão que Wolfe vê como o antídoto para relacionamentos nocivos. “Mulheres podem tomar uma atitude sem julgamento, estigma, vergonha, culpa ou acusações”, explica.

Para que as mulheres não se sintam desconfortáveis, o Bumble — que de forma brilhante se vende como um aplicativo de namoro para pessoas que nunca usariam um aplicativo de namoro — tem um limite de tempo. Depois do encontro inicial, o *match* se desfaz em 24 horas. Empoderar as mulheres para tomarem uma atitude, Wolfe acrescenta, tem sido muito animador e, olhando pelo ponto de vista de Aiken, um movimento para corrigir o desequilíbrio entre os gêneros. Claramente as mulheres concordam:[11] a empresa celebrou 250 milhões de primeiras mensagens mandadas por mulheres no Dia Internacional da Mulher de 2017. “Se continuarmos o que estamos fazendo, talvez possamos remodelar e reconfigurar o mundo do namoro”, diz Wolfe. Ela gostaria de começar pela ideia errada de que os homens são todos monstros predatórios. “A pessoas dizem várias vezes ‘Ah, meu Deus, os caras no Bumble são tão bonitos, cultos, educados e inteligentes’”, conta. “Minha resposta é ‘você ficaria surpresa com quantos homens querem uma mulher confiante e com opinião’.”

Use sua voz e seu *app* de preferência (veja a próxima regra!) para encontrar o parceiro que faz mais sentido para você.

ESTUDOS DE CASO

Megann, 25 anos, sobre como o namoro on-line salvou sua vida amorosa em uma cidade pequena.

Megann cresceu em uma cidade rural perto de Detroit. Quando ela se formou no ensino médio, já havia namorado todo mundo que era, nas palavras dela, uma possibilidade mesmo que remota. “Eu gosto dos tipos mais sensíveis e profundos e cresci em um lugar onde esses homens eram raros", explica. Ela frequentou uma faculdade local e suas opções não melhoraram. "Parecia uma reprise do ensino médio", conta ela. "Você meio que tinha que torcer para que alguém trouxesse um amigo de fora para uma festa. E ainda assim era como procurar uma agulha num palheiro."

Então, ela começou a experimentar o namoro on-line, primeiro o Tinder, depois o Plenty of Fish (POF) e o Swoon, por "puro tédio". "Eu nunca achei que fosse dar em nada, além de talvez umas conversas com pessoas divertidas", diz. Ela flertou on-line com um monte de caras que pareciam interessantes e acabou conhecendo alguns pessoalmente, mas nenhum realmente deu certo. "Eu ainda me achava sortuda", conta. "Foram todas boas experiências, só não eram pessoas que eu realmente quisesse namorar."

Mas então Drew entrou em contato com ela através do Zoosk, que ela gostou porque era "fácil de usar e gratuito". Depois de uma conversa divertida que durou duas horas, ele lhe mandou a seguinte mensagem: "O que preciso fazer pra sairmos?". Ao que Megann respondeu: "É só me dar uma ligada!".

Ele ligou. Ela concordou em encontrar com ele para almoçar em um Chilli's ali perto e não estava pronta para se despedir depois que ele pagou a conta. "Nós fomos até um navio da Marinha que fica atracado ali perto", contou. O encontro durou doze horas. "Diferente dos outros caras que eu tinha conhecido, ele correspondeu ao que eu imaginava que ele seria", explica Megann. "Superinteligente e motivado. Eu fiquei inspirada."

Drew tinha acabado de sair do Exército, então ele também era viajado. "Eu achei isso incrivelmente atraente. A maioria dos caras com quem cresci não tinha vontade de sequer visitar Detroit, imagina sair do país." Ele estava morando com a mãe havia duas semanas, em uma cidade a uma hora e meia de distância. "Nós nunca teríamos nos encontrado se não fosse pela internet."

Durante o primeiro encontro, eles cobriram um bom território, e descobriram um gosto mútuo por histórias em quadrinhos, *Star Wars* e comida mexicana. Levou mais alguns encontros até Megann mencionar algo que ela achou que ele deveria saber antes de a coisa começar a ficar séria. "Eu sempre soube que não quero filhos", ela disse. "Então, fiquei aliviada quando disse isso a Drew e ele sorriu e falou: 'Tudo bem. Eu também não'."

Agora, quatro anos depois, eles moram juntos, têm dois gatos e estão guardando dinheiro para uma viagem para a Europa, a primeira de Megann para fora dos Estados Unidos. Ela tem certeza de que, sem a internet, ainda estaria solteira. "Crescendo em uma cidade pequena como a minha, eu tinha opções muito limitadas", diz. "Além do que, eu não sou uma pessoa muito sociável, então estava ferrada."

Kelly, 36 anos, sobre sua "extravagância das ficadas", quando teve quinhentos encontros em menos de dois anos.

Depois de um ano e meio de casados, o marido de Kelly disse que queria se separar. Kelly tinha 34 anos e foi para terapia entender o que tinha dado errado e o papel dela naquilo. "Eu realmente achava que tinha me casado com um parceiro para a vida toda", diz. "Mas, assim que nos casamos, tudo começou a se desfazer. Eu sabia que precisava honrar o luto e trabalhar todos esses sentimentos antes de começar a namorar de novo. Não seria justo colocar emoções mal resolvidas em cima de outra pessoa."

Kelly fez um *detox* de namoro durante vários meses antes de começar o que chama de seu experimento social: "extravagância das ficadas". Fundadora da Shynebyte, uma companhia nova-iorquina que gerencia talentos, Kelly aplicou estratégias similares às que usava para encontrar o emprego mais adequado para seus clientes na busca pelo parceiro ideal. "O mundo do recrutamento é complexo", diz. "Então eu criei um modelo de cinco *As* para otimizar o processo no meu trabalho e o apliquei à minha abordagem em encontros: Alinhe, Atraia, Analise, Adquira e Aclimate." *Alinhe*, por exemplo, quer dizer definir de forma proativa o que você quer em um parceiro, enquanto *Analise* envolve aceitar que relacionamentos são mesmo bagunçados e então deve-se estar aberta a todos os resultados possíveis, incluindo fazer amigos homens ou contatos profissionais. Ela entrou primeiro no Tinder, escolheu seis fotos que achou que representavam as diferentes dimensões de quem ela era e escreveu uma biografia em itens que enfatizava seu lado esquisito, como seu objetivo de visitar cada um dos países citados na canção "Kokomo", dos Beach Boy (ela já chegou na metade).

Kelly então se comprometeu a passar trinta minutos por dia no *app* e recebeu tanto mensagens diretas pedindo seu número de telefone quanto papos furados que nunca evoluíam para mensagens fora dali nem para uma ligação. Ela preferia os primeiros.

No ano e meio que se seguiu, ela saiu com 351 homens em pelo menos quinhentos encontros, com frequência dois na mesma noite. "Foi exaustivo", diz. "Eu fico cansada só de pensar." As noites em que ela encontrava mais de um homem também podiam ficar complicadas: "Uma vez eu fui pega correndo, atrasada para o próximo encontro, que era do outro lado da rua", conta. "Eu admiti porque estava correndo. Não acabou muito bem."

Sua atitude a respeito de conhecer pessoas permanece aberta. "Eu cheguei a arrumar caras para minhas amigas", ela diz. "Eu enxergo nisso tudo um ecosistema de valor agregado." Ela teve encontros ruins e encontros ótimos — e conheceu algumas pessoas realmente interessantes, assim como algumas pessoas estranhas. "Um cara queria jogar verdade ou consequência via mensagem de texto", conta. "Eu achei que era um bom jeito de variar do 'Ei, como vai?'." Ela escolheu verdade e os dois trocaram perguntas que ela gostou, como "O que mais te assusta?". Mas então, do nada, ele escreveu: "Engole ou cospe?". "Eu o bloqueei imediatamente", conta.

Esse não foi o único homem que ela já bloqueou. Outro cara escreveu: "Algo me diz que você foi uma garota má e precisa ser punida", ela lembra. Kelly respondeu com: "Sua intuição é péssima". "Eu poderia fazer um livro enorme, desses de capa dura que ficam na mesa de centro, com todas as fotos de pinto não solicitadas que recebo", diz. A nova moda, ela acrescenta, são "vídeos de gozada". "Homens que nunca vi na vida batendo punheta em vídeo e gritando meu nome quando gozam. É bastante perturbador."

Ela também foi a vários encontros com homens nos quais viu potencial. "Eu saí quatro vezes com um cara de quem eu gostava bastante", diz. "Mas então ele disse: 'Acho melhor avisar logo que eu odeio camisinha'." Kelly explicou que camisinhas eram necessárias para ela, sem negociação, e a resposta dele a deixou no chão. "Ele disse, na defensiva, 'Você acha que eu transaria com uma garota que não está limpa?'", ela lembra. Esse foi o fim do relacionamento.

Outro cara com quem ela saiu trabalhava na área de tecnologia, então, quando ela usou o termo *elastic load balancing* na conversa, ele ficou quieto por um momento. Então disse: "Eu acho que você é inteligente demais para mim". De início, ela achou que ele estivesse brincando, mas o rosto dele permanecia estoico. O encontro acabou ali. "Eu fiquei chocada e um tanto constrangida, até que percebi: 'Foda-se isso! Eu não preciso ter vergonha de saber sobre a nuvem'. Eu só quero estar com alguém se ele souber abraçar minha inteligência." Um pouco depois de ir a alguns encontros decepcionantes, Kelly voltou seu foco para o Bumble e o The League. Ela também ajustou seus parâmetros para incluir homens de quarenta anos, com a teoria de que eles ficam menos intimidados por mulheres inteligentes e bem-sucedidas. Até agora, a mudança tem sido positiva. "Recentemente, eu saí com um cara que perguntou se eu saía em muitos encontros. Eu disse a ele que tinha chegado a 350", conta. "E ele contra-atacou: 'O que acontece com você para sentir necessidade de sair com 350 pessoas?'." A pergunta levou a um segundo encontro.

Regra #5
Escolha as receitas certas para o seu tipo de namoro.

A BOA NOTÍCIA É que o namoro on-line já evoluiu muito desde seu surgimento, quando as escolhas se resumiam ao Match.com ou JDate e você tinha vergonha de admitir a amigos ou à família que estava neles. Com nossa expectativa crescente de que a resposta para todos os problemas da vida esteja em nossos telefones, as opções de namoro on-line se proliferaram, assim como o número de pessoas utilizando-as. Como já foi dito, segundo um estudo de 2015 do Centro de Pesquisas Pew, 15% dos adultos americanos já namoram on-line,[1] e a participação dos jovens entre 18 e 24 anos quase triplicou desde 2013. E, segundo o mesmo estudo, pessoas com mais de cinquenta são um dos segmentos que mais crescem no mundo do namoro on-line, então nunca é tarde.

A enorme quantidade de opções e oportunidades pode fazer a experiência de entrar nesse mundo parecer intimidadora, então eu dividi o processo em passos, com dicas para cada fase. Essa é a regra mais extensa do livro por um motivo: é um guia para te ajudar a navegar por tudo que está por aí afora. Sim, *apps* são ferramentas, mas alguns são melhores para você, então escolha bem e com sabedoria. Não há vergonha nesse jogo!

Passo 1: Escolha o *app* certo para você

Decidir qual *app* ou site de namoro usar pode ser desafiador. Você também não precisa se ater a um só, está tudo bem misturar, embora você não queira ter um perfil em absolutamente todos os sites. O que faz sentido é escolher um principal, o que mais claramente responde às suas necessidades atuais. Na *Cosmo* as leitoras adoram testes. Eu pensei que colocar um desses aqui poderia tornar o processo de escolher um *app* apropriado menos um processo de tentativa e erro e mais algo divertido.

E sempre que penso em conversas sobre namoro, eu penso em Carrie, Samantha, Charlotte e Miranda em um longo brunch dissecando suas vidas amorosas. Eu amo a atitude franca delas a respeito de sexo e os diferentes níveis de interesse em namoros e intimidade, totalmente independente de suas idades. E as *millennials* amam também: *Sex and the City* tem reprises eternas, o que mostra que claramente ainda é relevante.

Então, eu vou pegar emprestadas as atitudes delas para nossa conversa aqui.

Samantha e seu apetite infinito para diversão, Carrie e suas reflexões a respeito da universalidade do desejo, Charlotte e sua fé no amor depois do divórcio e Miranda e sua clareza ao voltar a sair depois de ter um bebê...

Veja qual dessas atitudes se alinha melhor com a sua para descobrir qual *app* de namoro deve funcionar melhor para você. Mas experimente vários antes de se comprometer. Você nunca sabe o que vai — aham — dar *match*.

QUIZ

1. *Qual sua atitude em relação a namoro?*
   A. "Eu sou trissexual, tento de tudo três vezes."
   B. "'Estar solteira'" quer dizer que você é muito sexy e está fazendo as coisas com calma."
   C. "Eu estou tentando desde que tenho quinze anos. Estou exausta, cadê ele?!"
   D. "É tudo uma questão de *timing*, você precisa pegá-los na hora certa."

2. *Nos conte sobre a piscina de namorados em potencial na qual você quer mergulhar.*
   A. Este biquíni é fácil de tirar por um bom motivo.
   B. Há tantas pessoas fascinantes na minha cidade e eu conheço a maior parte delas. Por que não tirar vantagem disso?
   C. Ele tem que ser bem-educado, bonito — um médico seria maravilhoso, especialmente um cirurgião —, alto, inteligente, sem problemas com a mãe, devotado. Seria bom se ele gostasse de sexo...
   D. Eu não tenho tolerância para babacas ou pessoas que vão me fazer perder meu tempo.

3. *Você está disposta a pagar por um app de namoro?*
   A. Por que pagar quando você pode brincar de graça?
   B. Eu gasto dinheiro com sapatos, não com encontros. E, alô, eu sou uma escritora freelance. Os poucos trocados que sobram no final do mês vão para compras de supérfluos, não para comprar homem.

c. Claro. Eu quero achar o melhor e pagarei para encontrar meu par perfeito.
d. Sim. Eu fico feliz em pagar por qualquer bom serviço. Eu basicamente preciso de uma versão eletrônica de Magda, minha empregada/babá, para cuidar da minha vida amorosa.

4. *O que te faz cair fora?*

a. Querida, cair fora é para os sem criatividade. Eu caio dentro...
b. Eu me pergunto... no mundo conectado de hoje, por que alguém acharia que mandar uma foto de pinto é uma boa ideia?
c. Meu coração está aberto, e eu quero alguém que esteja tão pronto para encontrar sua alma gêmea quanto eu. Sem joguinhos, por favor! (E eu também prefiro um cara que coloque as cuecas no cesto de roupa suja — e não que as largue no chão.)
d. Homens sem ambição ou desinteressantes nem precisam tentar.

Mais As: Samantha Jones

Você tem uma atitude despreocupada em relação a sexo, amor e namoros, como a sempre ousada Samantha. *Apps* gratuitos com muita possibilidade de escolha te proporcionarão a experiência on-line mais fabulosa possível. Não é que você *não* esteja aberta a um novo relacionamento, você só está a fim de se divertir no caminho.
Tente: Tinder, Happn, POF.

Mais *Bs*: Carrie Bradshaw

No fundo você é uma romântica, mas não tem nada contra arranjar um peguete ou outro no caminho. Você confia nos seus instintos na hora de escolher qualquer coisa, sejam homens ou Manolos. *Apps* que te coloquem no comando e aproveitem seu círculo social serão bons na hora de achar um cavalheiro.
Tente: Bumble, Coffee Meets Bagel, Hinge.

Mais *Cs*: Charlotte York

Seus *boards* no Pinterest para vestidos de casamento e mansões no East End são famosos. Você sabe o que quer, não vai aceitar menos que isso e se encontrar o melhor te custar dinheiro, que seja. *Apps* ou sites que ofereçam pretendentes sérios com interesses similares te ajudarão a achar o homem dos seus sonhos.
Tente: eHarmony, The League, Twindog (se você quer alguém que ame seu cachorro como Charlotte ama seu King Charles Spaniel, Elizabeth Taylor).

Mais *Ds*: Miranda Hobbes

Você trabalha duro e conhece o mundo. Você está determinada a, dessa vez, usar seus recursos para tornar encontros uma experiência mais lógica e suave. Quem tem tempo de ficar procurando pela eternidade? Você quer resultados, e rápido, e quer que eles sejam embasados por algoritmos. *Apps* e sites que já cortam fora os preguiçosos e idiotas te colocarão no caminho certo.
Tente: OkCupid, A-list, Match.com, EliteSingles.

Se a sabedoria inspirada por *Sex and the City* não te anima, ouça essas palavras de sabedoria da expert em namoro on-line e casamenteira digital Julie Spira:

1. Seja honesta em relação ao que você procura. Se você sabe que quer se casar AGORA e ter filhos, não perca seu tempo em um *app* famoso por relacionamentos mais casuais.
2. Não se torne uma vítima do que chamo "Estafa do Namoro On-line". Eu recomendo usar dois ou três *apps* por vez, além da versão para desktop de um site de namoro. Mais do que isso e você vai ficar sobrecarregada e frustrada. Além do que, você não quer sair com um cara e perguntar a ele sobre o Tinder quando você o conheceu no Hinge!
3. Espere pelo menos três semanas antes de passar para a versão paga. Na maioria dos *apps*, quanto mais nova você for na rede, mais alto e com mais frequência seu perfil aparece. Depois que o brilho de novata sumir, melhore sua busca com os *premiums*. Por exemplo, o Tinder Plus te deixa desfazer *likes* errados, mudar sua localização (útil se você está planejando uma viagem) e ver quem já te deu *like*. O Bumble Boost tem ferramentas semelhantes e também estende o prazo para entrar em contato com um *match*.

Passo 2: Crie seu perfil

Agora que você escolheu o *app*, é hora de entrar no jogo. A arma mais importante do seu arsenal é seu perfil. Pense assim: seu perfil é para o namoro o que seu currículo é para um emprego. É sua chance de se vender e causar uma boa impressão. É o único lugar durante todo o processo em que você pode controlar totalmente a mensagem. E, embora isso não seja fácil — a maior parte das mulheres que conheço acha difícil elogiar a si mesmas —, tente se divertir um pouco com isso.

Pense assim: seu perfil é para o namoro o que seu currículo é para um emprego.

Quando alguém quer começar um novo projeto criativo, o primeiro passo é medir a concorrência. E não há por que ser diferente com namoros.

Entre no site ou *app* que você escolheu e veja como as outras mulheres estão se apresentando e colocando suas caras no mundo. Olhe os perfis delas pela perspectiva de alguém que quer sair com você, e com elas. O que chama sua atenção nos perfis?

Fique de olho no mix de fotos, no quão detalhadas são as bios, o tom e a vibe geral do perfil e pense no que é mais — isso é importante — *a sua cara*. Se pergunte com quem você se identifica. Quem você arranjaria para ser seu amigo? Tire *prints* das que você acha mais e menos atraentes. Dê uma olhada nos perfis que você gosta e nos que você não gosta e veja o que há em comum entre eles. Você prefere os engraçadinhos? Você broxa com as pessoas que parecem estar se esforçando demais? Use os que você gosta como inspiração, não para *o que* dizer, mas para dar o tom geral do seu perfil.

Você gosta de 25% divertida, 10% confiante, 65% sincera? Ou você é mais uma garota 50% sarcástica, 50% vamos direto ao assunto?

Para determinar a resposta a perguntas como essas é que entra em cena o seu conselho diretor. Em certo momento de suas carreiras, muitas mulheres bem-sucedidas que conheço confiam mais em seu "conselho diretor" pessoal — um grupo de pessoas nas quais elas confiam e que possuem graus variados de experiência e insight — do que em qualquer mentor. Minha amiga Carolyn Everson, diretora de marketing global no Facebook, foi quem me apresentou a essa ideia, que eu acho muito poderosa. E não vejo motivo para não adaptar o conceito à sua vida amorosa. Pense nas pessoas que te conhecem muito bem e genuinamente querem o seu melhor. São pessoas que se importam com a sua felicidade e que você pode usar para ganhar perspectiva, ou como um ombro amigo para chorar. Porém, não os transforme no coro de uma tragédia grega de indecisão. Você não vai tirar um print de cada pessoa que aparecer só para perguntar a elas se dá um *like* ou não.

O momento de criar seu perfil é ideal para pedir ajuda da conselho diretor. Mande um e-mail dizendo: "Rápido: em uma frase, o que você ama em mim". Use o que for dito para começar e definir o tom. Se todo mundo responder dizendo: "Você é a amiga que sempre me apoia", então pode considerar escrever um perfil que reflita a boa amiga que você é, em vez de algo mais engraçadinho. Lembre-se do *app* que escolheu. Se você está ali para se divertir, torne seu perfil mais divertido. Se está ali procurando um relacionamento longo, escreva um perfil mais sincero e direto.

Mas, embora você queira que seu perfil seja bom, não fique obcecada com isso! Publique algo. Pronto é melhor que perfeito nesse caso. Esse é um produto maleável. Quando novas empresas são abertas, elas colocam no mercado algo que chamam de MVP, a sigla em inglês para Produto Minimamente Viável. É a versão mais primitiva do que seu produto final será. Não é perfeito, mas vai fazer as coisas andarem para que você possa ver o que funciona.

Pessoalmente, eu iria querer Amanda Bradford no meu conselho diretor. Ela é formada na escola de negócios de Stanford e criou o *app* The League para responder às suas próprias frustrações com a falta de qualidade dos outros *apps*.

Eu pedi a ela que me mandasse suas regras para um bom perfil.

FAÇA: Uma a duas fotos de corpo inteiro e fotos de rosto bem visíveis.

NÃO FAÇA: Incluir fotos de sua amiga mais bonita. Tire ela das suas fotos. Uma vez na vida, está tudo bem ser egoísta.

FAÇA: Mostre o que te torna única. Você joga squash ou lacrosse? Você gosta de festivais e está atrás de alguém para te acompanhar no Rock in Rio? Você tricota, constrói drones, é voluntária aos fins de semana? Seria ótimo se uma dessas coisas aparecesse em uma foto sua. Você pode não ganhar *likes* de todo mundo, mas, se você está tentando otimizar sua busca para alguém com interesses semelhantes, essa é a maneira certa.

NÃO FAÇA: Postar fotos antigas. Mantenha suas fotos atuais. Todos nós já fomos crianças. Todos nós éramos bonitinhos quando crianças. Então você cresceu. Mostre isso na sua seleção de fotos. Você era bem mais magra quando se formou na faculdade, que legal, mas qualquer coisa mais antiga que cinco anos atrás é propaganda falsa.

FAÇA: Vista branco. As mulheres com melhor performance no The League têm pelo menos uma foto usando um vestido ou camiseta brancos. Estranho, né? Então sim, revire os olhos para o simbolismo histórico do branco como pureza e inocência, mas a verdade é que todo mundo fica bem de branco.

Passo 3: Comece

Pense que entrar em um aplicativo de namoro é como se matricular na academia em janeiro, o que é adequado porque janeiro também é o mês mais movimentado do namoro on-line, logo depois da temporada de acasalamento (aquela época do ano em que as pessoas querem um relacionamento, com todos os parentes fazendo perguntas chatas nas festas). É ótimo se matricular na academia em janeiro, mas se você não se forçar a realmente se exercitar o máximo possível nesse primeiro mês, você não transforma isso em um hábito. Comece a exercitar seus músculos de namoro agora — e não desista! Se a analogia da academia não funcionar para você, pense nisso como uma festa para a qual você se deu ao trabalho de passar batom e fazer uma escova. Já que você está ali, é melhor aproveitar e conversar com algumas pessoas.

Falando nisso, há diferentes correntes de pensamento que justificam se você deveria esperar que potenciais pretendentes entrem em contato ou tomar as rédeas e começar a mandar mensagens para possíveis parceiros que chamem sua atenção. Bem, quando um par de botas Altuzarra entra em promoção, eu não espero que elas me peçam para comprá-las. Eu vou agarrá-las antes que acabem. A mesma teoria vale aqui.

Escrito nas estrelas é um dos romances mais frustrantes que existe, e ainda assim adorável, devido ao carisma dos atores. Duas pessoas solteiras cruzam com alguém com quem têm uma conexão química e intelectual imediata. Em vez de aproveitar o momento e dizer: "Bem, isso não acontece todo dia", eles colocam seu romance nas mãos do destino e efetivamente dizem que se for para ser, o mundo os juntará de novo. Absurdo. O mundo não cuida de você assim. Então, quando você sentir uma conexão e vir algo que quer, dê um passo nessa direção. Não fique parada esperando o universo fazer alguma coisa.

Se tomar a iniciativa, você vai precisar de uma apresentação. É bom ter uma pronta para não precisar ficar se matando para fazer isso todas as vezes.

Os *apps* de namoro estão tão entranhados em nossa cultura que se tornaram uma referência comum em séries de TV e músicas. Quando *Master of None,* a deliciosa comédia de costumes de Aziz Ansari para a Netflix, estreou sua segunda temporada, todo mundo comentou a estratégia inteligente de Dev, o protagonista, para puxar assunto em *apps*: "Vou ao supermercado, quer que eu traga alguma coisa?". Pegou porque funciona. É charmosa e específica, e demonstra a personalidade engraçada e gastrônoma de Dev.

Então invente sua própria frase de efeito personalizada que mostre para seu *match* potencial que você leu o perfil dele pelo menos por alto. Se não conseguir pensar em nada, uma jovem editora com quem trabalho e que é uma veterana dos *apps* de namoro elaborou algumas possibilidades divertidas e charmosas:

"Deveríamos , ou , ou , ou  em nosso primeiro encontro?"

"Antes de começarmos, eu preciso saber se você é daquelas pessoas que batem palmas quando o avião aterrisa."

"Rápido: qual foi seu primeiro show da vida? Não tenha vergonha. A menos que tenha sido Nickelback, aí é bom você começar a ter vergonha."

Ou, se todas essas opções soam estranhas para você, vá com o simples, sincero e confiável.

"Ei... como está indo isso aqui para você?" Ou "Ei... adorei suas fotos. Me conta sobre aquela que você quase postou, mas desistiu depois".

O ponto é começar uma conversa e ver se há uma conexão. Muitas das minhas amigas dizem que, depois de três ou quatro conversas, elas passam para e-mail ou mensagens de texto.

Faça da forma em que você se sente confortável.

Passo 4: Se encontrem na vida real

Em algum momento, vocês vão precisar se encontrar cara a cara. Isso pode parecer óbvio, mas estou dizendo isso porque é muito fácil cair num círculo de *matches* e mensagens e nunca realmente tentar alguma das possibilidades.

Voltando à analogia da academia, quando você se inscreve, pensa em quantas aulas ou treinos vai fazer por semana. O mesmo se aplica a encontros.

Se dê uma meta de quantos encontros você quer ter por semana. É uma questão de números, afinal. Quanto mais gente você conhecer, mais oportunidades terá de encontrar alguém com quem realmente pode passar um tempo. Ou, caramba, alguém com quem você realmente queira ficar.

Então, assim como aquela resolução de ir à aula de *spinning*, escolha uma meta realista em vez de uma tão ambiciosa que logo se torna intimidadora. Duas vezes por semana parece racional para mim, mas escolha o que funciona para sua agenda. E lembre-se de que, no mundo atual, os encontros não precisam ser apenas jantares. Podem ser cafés, drinques ou passeios na livraria. E, embora um primeiro encontro no cemitério possa ter seu charme mórbido, eu acho que talvez não seja uma boa ideia. O que e onde não é tão importante, ir ao encontro é o que importa.

Já disse aqui que eu acho essencial falar ao telefone antes de se encontrar pessoalmente. Mas eu sei que isso pode parecer impossível para algumas pessoas (*millennials*, estou falando com vocês!), então aqui vai um exercício para te ajudar a determinar o que é certo para você:

Faça uma lista das últimas três pessoas com quem você falou no telefone por mais de trinta segundos. Se essa lista inclui sua melhor amiga, dez vezes nas últimas 24 horas; sua mãe, três vezes; e seu colega de trabalho, só para saber como vão as coisas, então você claramente gosta de falar ao telefone e deveria fazer isso com qualquer um com quem considere sair.

Se essa lista se limita a um telefonema para agradecer sua tia pela almofada de tricô que ela te deu de aniversário e a briga com a lavanderia por terem destruído suas calças de couro, então provavelmente telefone não é para você, e se apegar a essa regra só vai te atrapalhar.

De qualquer forma, a jornada de se conectar on-line até chegar a um encontro não deve levar mais do que algumas semanas para acontecer. Caso contrário, não era mesmo para ser.

Você está horrorizada só de pensar nisso?

Aqui vão minhas dicas para um primeiro encontro:

O que devo vestir?

Algo que te faça sentir confiante, atraente, confortável e, mais importante, *você mesma*.

Não vista aquela roupa que cabia em você ano passado e só vai caber de novo quando você perder 5kg.

Não vista aquela coisa que você acha que revela seu eu sexual secreto.

E, provavelmente, não use sapatos com os quais você não consegue andar.

E se eu não conseguir encontrá-lo no meio do bar lotado? Como nos conectamos? Que merda estou fazendo?

Relaxe.

Você tem o privilégio de fazer isso na era dos telefones celulares. Troquem números antes do encontro, se é que vocês já não estavam se comunicando assim. E lembre-se de que vocês dois sabem qual a aparência um do outro. Assim como você está procurando por ele ou ela, ele ou ela estará procurando por você.

E se eu ficar sem assunto? E se houver silêncios desconfortáveis?

Não é esquisito chegar preparada com alguns tópicos pensados com antecedência. É um conselho antigo ler as notícias mais recentes. No meu tempo, isso significava a primeira página, o editorial e a seção de moda do *New York Times* ou *Washington Post*. Se atualize das últimas notícias da forma que preferir antes de qualquer situação social potencialmente desconfortável, assim você vai cheia de tópicos interessantes para a conversa.

Se as notícias não são sua praia, tudo bem. Mas venha com algo interessante e atual para vocês discutirem. Um filme que você viu recentemente, um livro que você leu, ou um novo *app* que você tem testado.

O que eu devo fazer para impressioná-lo?

Pergunta errada. Se você está pensando em impressioná-lo, você não está sendo você mesma e, provavelmente, não está prestando atenção no que realmente acha dele. Ou dela. Ou deles. Que seja, o ponto é ser a melhor, a mais verdadeira versão de você mesma. Não diga que você gosta de fazer trilhas se natureza e exercício são seus piores pesadelos. Você está nessa para ver se gosta dele, não para fazer uma nova conquista. Lembre-se de examinar suas emoções durante o encontro para determinar como passar o tempo com ele te faz sentir.

Mas aonde devemos ir?

Se a escolha for sua, pense em onde você gostaria de encontrar alguém que admira. Isso te fará escolher um lugar sofisticado e com um nível aceitável de decibéis.

Melhor regra: a não ser que ele insista em fazer diferente, planeje um drinque e diga que você tem um jantar agendado para mais tarde. Bethenny Frankel uma vez aconselhou uma amiga minha dessa forma: mesmo se você tiver se tornado aquele emoji com olhos de coração na primeira hora, não cancele seu jantar imaginário. Deixe-o querendo mais (e também não seria bom fazê-lo pensar que você desmarca coisas).

Vá a encontros! Se divirta. Não fique muito bêbada (veja a Regra #8). E sério, só aproveite o momento.

Passo 5: O depois

Você foi num encontro. Muito bem!

Meu ponto de vista no geral é que, a não ser que o cara ou garota tenha sido um completo show de horrores, é educado mandar uma mensagem rápida no dia seguinte. Não se preocupe, você não está criando esperanças ao dizer "Obrigada por ontem à noite, foi bom te conhecer". Isso meio que se traduz como "Tchau, boa sorte".

Para conselhos mais detalhados sobre o dia seguinte, eu me dirijo a outro membro do meu conselho diretor, o especialista em relacionamentos da *Cosmo* e brilhante escritor Logan Hill.

O certo e o errado do dia seguinte:

CERTO: Seja simples. Um básico "Me diverti, vamos sair para jantar qualquer hora" já é o bastante e deixa claro que você se divertiu e quer repetir. Uma pequena piada interna inspirada pelo encontro é ainda melhor.

ERRADO: Ficar estressada escrevendo e reescrevendo a mensagem mil vezes. É só uma mensagem de texto. Você provavelmente manda centenas dessas por dia, então não pense demais. O único erro que você pode realmente cometer é exagerar. Não o ataque com emojis e GIFS logo de cara.

CERTO: Esqueça as velhas regras. Não há nenhuma regra de 24 ou 48 horas para mandar uma mensagem. E se você vive com essas regras, provavelmente o cara nem sabe que elas existem e você está jogando um jogo consigo mesma. Em que momento escrever depois de um encontro depende só do que te deixa confortável. Não existem "quatro palavras" que vão fazê-lo se derreter e não existem os "três segredos" dos encontros. Então, mande mensagem na mesma noite, se esse for seu estilo. Mande mensagem de manhã, se você é uma pessoa que gosta da manhã seguinte. Ou nunca mande mensagem, se você quer que ele entenda o recado. É por sua conta.

ERRADO: Se forçar se não estiver com vontade. Como eu disse antes, um primeiro encontro não é o teste perfeito, e muitos segundos encontros acabam sendo um sucesso inesperado. Mas se você *realmente* não gostou do cara depois do primeiro encontro, não há nenhuma obrigação de tentar. Vocês não devem nada um ao outro. Siga em frente.

CERTO: Abrace seus próprios desejos. Eu acho que a primeira, segunda e última coisa na cabeça de uma mulher que vai a um encontro deve ser o que ela quer. Estamos vivendo uma época de escolhas sem precedentes — e as opções podem parecer intimidadoras. Mas também é um momento incrível de oportunidades. Abraçar essa oportunidade significa imaginar, de todas essas muitas opções, qual tipo de relacionamento funcionaria para você e até mesmo te faria feliz.

Não existem "quatro palavras" que vão fazê-lo se derreter e não existem os "três segredos" dos encontros. Então, mande mensagem na mesma noite, se esse for seu estilo. Mande mensagem de manhã, se você é uma pessoa que gosta da manhã seguinte. Ou nunca mande mensagem, se você quer que ele entenda o recado. É por sua conta.

ERRADO: Ser fofa demais. Se você quer que ele te procure, então, sem dúvida, deixe que ele perceba isso. Mas, caso contrário, diga a ele o que quer ou, melhor ainda, sugira algo específico. Os dias em que homens tinham que tomar a atitude e mulheres só esperavam ao lado do telefone acabaram. Nós não queremos voltar a isso, queremos? Às vezes pode ser assustador dizer o que você quer, mas as chances de conseguir agindo assim são bem maiores.

O QUE FAZER SE VOCÊ DER DE CARA COM ESSAS PESSOAS NUM *APP*

SEU AMIGO: Sinal verde. Se for seu amigo, não há problema em dar um *like* e rir juntos da estranheza da situação. No pior cenário? Ele não te dá um *like*, mas também não vai saber que você deu.

UM COLEGA DE TRABALHO: Sinal amarelo. Como todo mundo sabe, ficar com alguém do trabalho pode ser complicado. Antes de decidir, pense nas consequências. Se as coisas derem errado, ir ao trabalho e vê-lo, ou vê-la, todos os dias seria uma tortura? Se você decidir que vale a pena, diga algo como "então, é isso que você faz quando não está projetando lucros?".

UM EX: Sinal vermelho. A menos que você queira retomar o relacionamento ou reexaminar por que vocês terminaram, reacender uma chama apagada provavelmente não é uma boa ideia.

UM PAU AMIGO: Sinal verde. Bem, vocês dois provavelmente estão no *app* pelo mesmo motivo... ou procurando outra amizade colorida ou talvez só uma situação colorida. Então, a menos que vocês comecem a sentir algo um pelo outro (o que é totalmente inapropriado em se tratando de pau amigo), deve ficar tudo bem.

E SE ELE ACABAR SENDO UM HORROR?

O cenário menos pior é ele só não ser legal.

O pior: ele de fato fazer algo agressivo ou te deixar se sentindo insegura. Como você lida com isso?

Se ele te mandar uma foto de pinto, ou vídeo gozando, bloqueie-o imediatamente e não fale mais nada. Se você não curte pênis voando pelo ciberespaço direto para sua tela, corte logo todo contato. Você também não quer nada com esse conteúdo aparecendo na sua tela quando está no trabalho. E nem preciso dizer que você precisa ter uma conta pessoal para tudo isso. Nem brinque com namoro on-line usando sua conta de e-mail do trabalho! Eu me lembro de um colega me estendendo o celular para que eu visse uma foto que ele tinha tirado para uma referência de trabalho no minuto em que um *match* apareceu no Tinder. Eu não precisava ter visto e ele não precisava que eu tivesse visto. Desconfortável!

Se ele te mandar mensagens inapropriadas ou ficar bravo porque você o dispensou, *não responda, não responda, não responda*.

Se ficar desconfortável ou sair do controle, Julie Spira sugere denunciá-lo ao site.

O pior pesadelo de todos é se as coisas ficarem violentas durante o encontro. Por isso, eu pedi dicas ao policial veterano Steve Kardian, autor do livro *The New Super Power for Women: Trust Your Intuition, Predict Dangerous Situations, and Defend Yourself from the Unthinkable* [O novo superpoder das mulheres: confie na sua intuição, preveja situações perigosas e se defenda do impensável].[2]

Para começar, Kardian implora às mulheres para que se lembrem de que, quando você está on-line, a única coisa de que pode ter certeza a respeito da pessoa com quem está falando é que ele tem um computador. Então, como saber se ele é quem diz ser? Kardian tem dicas:

USE APENAS SITES COM BOA REPUTAÇÃO: "Nada de *Craigslist*", Kardian diz. "Só aqueles em que ao menos te pedem para se registrar com sua conta do Facebook, para que haja uma pegada digital." Isso ajuda a evitar golpistas e mentirosos, pessoas buscando formas de usar suas informações pessoais (falsidade ideológica) ou bancárias (fraude). Sobre isso, Kardian reforça que nunca se deve dar informações pessoais a ninguém, especialmente seu endereço residencial, até ter certeza de que a pessoa é confiável.

VÁ COM CALMA: Faça perguntas que te permitam verificar a identidade dele: além do nome, onde ele trabalha? Que tipo de carro ele dirige? Ele tem um animal de estimação? "Nós temos um palco e bastidores", Kardian explica. "Quando você conhece alguém, normalmente aquela pessoa está em cima do palco." Você quer ter certeza de que os bastidores não escondem crimes ou outras coisas assustadoras.

PROCURE O NOME DELE NO GOOGLE: Se ele aparecer em cinco ou seis sites de namoro, isso é problemático. Se ele não tem um rastro digital, isso também é um alerta.

NÃO MANDE FOTOS SENSUAIS OU QUALQUER INFORMAÇÃO PESSOAL: Você não conhece essa pessoa de verdade até passar um tempo real com ela. Então não mande fotos sensuais e nem mesmo entre em uma conversa picante no WhatsApp até sentir que pode confiar nele — e isso leva vários encontros. "Estamos vendo um grande aumento nos casos de extorsão sexual", Kardian alerta. "Isso tudo baseado no crescimento das redes sociais e da internet."

CRIE UM PLANO DE SEGURANÇA ANTES DO PRIMEIRO ENCONTRO: Kardian concorda que falar ao telefone é um bom passo de segurança antes de encontrar alguém na vida real, embora seja nesse encontro que você terá as melhores pistas. Mas, mesmo antes disso, ele diz que toda mulher deve criar o que ele chama de "plano de segurança". "Pense em todas as coisas que podem potencialmente dar errado e elabore uma reação", ele diz. "E se você quiser ir embora e ele não te deixar? O que fazer?"

Se você pensar em todos os cenários possíveis, você estará preparada para o pior e ainda assim esperar pelo melhor.

Desenhe seu plano de segurança

ANTES DO ENCONTRO: Diga à sua melhor amiga/mãe/irmã com quem você vai sair e para onde.

DURANTE O ENCONTRO: Ouça seus instintos. Pergunte-se como essa pessoa te faz sentir fisicamente. "Seu instinto é seu melhor amigo", explica Kardian. "Se você tiver qualquer pressentimento — se seus pelos se arrepiarem ou você se sentir insegura —, confie nele."

VOCÊ QUER IR EMBORA, MAS ELE ESTÁ INSISTINDO PARA VOCÊ TOMAR MAIS UM DRINQUE: Diga a ele que sua melhor amiga vai te encontrar em um bar/café/parque em trinta minutos. Diga que sua mãe foi operada e você precisa ver como ela está. Diga que você não está se sentindo bem ou que está menstruada e precisa ir ao banheiro. E então vá embora, ou ligue para uma amiga e diga a ela para ir te encontrar.

ELE QUER TE LEVAR PARA OUTRO LUGAR: Kardian sugere tirar uma foto dele e mandá-la para uma amiga. Você pode até fazer uma piada: "Caso algo aconteça comigo, minha amiga sabe que estou com você". Um cara legal vai te achar esperta. Um cara ruim também, e isso já pode te proteger.

Se ele disser "vamos para a minha casa" e você disser "eu não estou pronta para isso", note a reação dele. "Se você observar uma faísca que seja de desgosto, raiva ou nojo, registre", recomenda Kardian. "Essa combinação é um grande alerta."

Se ele não aceitar *não* como resposta, saiba que o mesmo pode acontecer quando se tratar de sexo. "Qualquer um que não respeita um 'não' é alguém que precisa te controlar", ele acrescenta.

Não se coloque em uma posição em que você está sozinha com ele. "Se um agressor quer fazer algo ruim com você, ele precisa de isolamento e controle", diz Kardian. "Ele precisa estar sozinho com você, seja no carro dele ou em seu apartamento."

Se você acha que é seguro ir com ele para outro lugar de carro, tire uma foto da carteira de motorista dele ou da placa do carro e mande-a para uma amiga.

VOCÊ ESTÁ NA CASA DELE E PERCEBE QUE FOI UM ERRO: "Não demonstre que está assustada", Kardian diz. Em vez disso, diga: "Você está com bafo de cerveja, pode escovar os dentes?". Ou diga: "Sou alérgica ao seu perfume, você pode tomar um banho?". Ou: "Estou com dor de estômago, acho que vou vomitar". E seja muito convincente. Essas desculpas te darão tempo suficiente para sair ou escapar da maior parte das situações. Se você disser "Eu tenho uma DST" e ele responder "Tudo bem, eu também!", então você pode estar lidando com um doido. Lembre a ele que você mandou uma foto dele para sua amiga e que ela sabe quem ele é e que você está com ele.

"A coisa mais importante que você precisa fazer é ser persistente", explica Kardian. "Nesse ponto, apele para a autodefesa." A força de uma mulher fica em seu quadrante inferior, segundo Kardian. "Impulso, técnica e timing podem ser usados com bons resultados, mesmo se ele for muito maior do que você."

Cuidado com o revenge porn

Digamos que você acabe dormindo com ele e isso renda mais um encontro e mais outro. Eu nunca vou te dizer para manter o telefone longe do quarto, mas mantenha seu telefone fora do quarto até se sentir realmente confortável com ele. O *revenge porn*, quando ele manda fotos suas nua para seus colegas, pais ou publica na internet, tem aumentado e é difícil de combater. Você precisa ter muito cuidado com quem você deixa tirar fotos de você nua.

Se alguém está te pressionando para fazê-lo, mas você não se sente confortável, obedeça a esse instinto. E não saia mais com essa pessoa. Isso é algo a ser levado a sério.

Dizem para a maior parte dos empregados pensar em como eles se sentiriam se seus e-mails sobre a empresa acabassem publicados na primeira página do jornal. Pense em como você se sentiria se essa pessoa publicasse fotos suas nua no Facebook. E então imagine tentar ligar para o Facebook ou Google para pedir que elas sejam retiradas. Boa sorte na tentativa. Uma em cada 25 pessoas[3] é ameaçada com, ou é vítima de "compartilhamento de imagens não consensual" de acordo com uma pesquisa de 2016 feita pelo Data & Society Research Institute.

Assim como advogados sempre se preparam para o pior, pense no que aconteceria se qualquer uma das fotos que ele ou ela tirou de você fossem a público. Ou pense em como você se sentiria se ele mandasse essas fotos para todo mundo no trabalho.

Você conseguiria fazer piada? Ou isso te faria querer se enrolar em posição fetal embaixo da sua mesa? Ou pior? Infelizmente, essas são as perguntas que você precisa se fazer antes de deixar um parceiro te filmar fazendo qualquer coisa íntima.

O mesmo vale para *sexting*.

Um estudo chamado *Amor, relacionamentos e tecnologia* feito pela McAfee, uma empresa que busca combater os crimes digitais, descobriu que 50% dos adultos dizem ter guardado informações íntimas em seus telefones ou dispositivos pessoais que "colocariam suas reputações em risco", e outros 50% de todos os adultos dizem que usaram seus celulares para trocar informação íntima. Eu não estou dizendo para você não posar para um Picasso, mas 16% disseram à McAfee[4] que trocaram informações íntimas com um completo estranho.

Os autores do estudo concluem: "Presumimos que trocas íntimas e dados privados estão seguros com as pessoas que amamos. Mas e se o relacionamento der errado? Vinte por cento das pessoas dizem que entram na conta do Facebook de seus parceiros mensalmente. Isso pode parecer uma diversão inofensiva, mas informação postada sem seu conhecimento pode causar constrangimento e manchar sua reputação".

Infelizmente, essas coisas reverberam mais em mulheres que em homens. Justin Garcia, ph.D. em Biologia Evolucionária e pesquisador de Comportamento Sexual no Instituto Kinsey da Universidade de Indiana, fez um estudo a respeito de *sexting* e descobriu que 73% das pessoas sentiam "desconforto com o compartilhamento não autorizado de mensagens sexuais para além do destinatário". "Então, quando você manda uma foto nua para seu namorado ou namorada, você talvez não acredite que eles vão mostrá-la aos amigos", diz Garcia. Quando eles compartilharam sem consentimento, foi com três ou mais pessoas. "A capacidade de compartilhar uma imagem rapidamente e com muitas pessoas é um risco", o pesquisador explica. "Não é tirar a foto em si, mas a quebra de confiança. E, assim, a internet e a tecnologia mudam os perfis de risco[5] e as expectativas envolvidas em nossas vidas eróticas."

ESTUDOS DE CASO

Marcelle, 53 anos, sobre como o namoro on-line a fez se sentir "transável" aos cinquenta anos.

Marcelle começou a usar sites de namoro on-line em junho de 2015, aos 51 anos, porque, ela explica, "eu não fazia sexo com um ser humano tinha três anos. Algo precisava mudar".

Mãe solteira de uma adolescente, Marcelle foi cofundadora da revista feminina *Bust* em 1993 e hoje comanda o BARB, um site para mulheres com mais de quarenta. O slogan é: "Para mulheres como nós". "É para garotas como nós, no estágio seguinte da vida, quando estamos lidando com a celulite que migrou da parte de trás das suas coxas, onde você não consegue vê-la, para a frente", diz. "Ou você espirra e uma gota de xixi sai. Precisamos, agora, levar uma calcinha extra toda vez que saímos de casa?" Mas, ela acrescenta, "mulheres como nós" ainda querem fazer sexo.

Uma grande fã do vibrador, Marcelle usa o seu "todo dia, regularmente". Mas depois de três anos sem "sexo real com outro ser humano", ela estava pronta para ficar on-line, apesar de sua hesitação quanto ao namoro virtual para mulheres mais velhas. "Eu ficava pensando naquele quadro da Amy Schumer na série *Last F... Able Day*, em que ela, Julia Louis-Dreyfus e Tina Fey despacham mulheres mais velhas num barco porque ninguém mais quer transar com elas", lembra. Ao mesmo tempo, Marcelle sempre se manteve em ótima forma e se sentia sexy. Então, ela decidiu arriscar e postou uma foto sua usando um sutiã *push-up* e uma camiseta justa, algo que muitas mulheres da idade dela podem ver como inapropriado. "Eu queria mostrar meu corpo, tipo 'Olha! Eu sou gostosa'", diz. "Você precisa ignorar a voz na sua cabeça que fala que você não é sexy o suficiente."

Ela entrou no OkCupid, Tinder e Bumble — e 80% das mensagens que recebeu eram de homens bem mais jovens que, ela deduziu, "querem ficar com uma mulher sexualmente experiente". Se está a fim, e sua filha está dormindo na casa de uma amiga, ela os leva para casa. "Eu não sou romântica", explica. "Sempre consegui separar sexo e amor." Mas, como resultado, ela fez uma mudança em seu perfil: "Todos vocês, homens de vinte anos, eu adoro seus corpos sarados e vocês são lindos, mas eu tenho a idade da sua mãe, então, por favor, não me mandem mensagens."

Ela gosta do Bumble porque é ela que começa o contato. "Uma vez que vocês se conectam, você decide se quer encontrar aquela pessoa", diz ela. "É rápido, e a maior parte dos caras fica satisfeita. Além do que, você pode filtrar os doidos logo de cara se eles disserem algo grosseiro, o que sempre me broxa no contato inicial." Os caras que passam por todos os filtros consistentemente se mostraram legais. "Eu saio com eles e, se não me conectar emocionalmente, mesmo assim nós transamos porque adoro sexo", conta. "Eu sei que algumas mulheres só querem um namorado, mas eu tenho uma vida complicada."

Ela está se referindo a sua filha adolescente, Ruby. Marcelle namorou o pai de Ruby, que voltou para a Austrália mais ou menos na mesma época em que ela descobriu que estava grávida. "Eu pensei que poderia acabar esperando o cara certo e então descobrir que não poderíamos ter filhos", diz. "Ou eu poderia ter esse bebê e criá-lo sozinha." Ela tinha 36 anos quando teve Ruby e agora, quinze anos e alguns relacionamentos passageiros depois, está pronta para, ao menos, começar a fazer sexo e, quem sabe, encontrar um parceiro.

Marcelle chegou perto com um homem que conheceu no OkCupid. Eles saíram por sete meses, e ela achou que ele poderia ser o cara certo, mas isso aconteceu no meio da confusão de ela perder o emprego e o pai, e, nesses meses intensos, as coisas desandaram. "Ele foi bom para mim naquele momento", diz.

Marcelle é hoje uma veterana do namoro on-line e criou seu próprio conjunto de regras. Ela admite que mente a idade. "Se eu escrevesse 'cinquenta e três' ninguém daria *like* em mim. Mas se eu digo 'quarenta e poucos' recebo cantadas." Ela insiste para que pretendentes mandem diversas fotos e procura especificidade nos perfis. "Vários homens dizem que gostam de 'caçar, viajar e pescar'", comenta. "Ou que 'não querem drama' — muito clichê. Eu estou procurando alguém um pouco fora da caixa, tipo 'Eu vi o Fugazi no Palladium em 1999, eles são legais'."

Ela já não tira conclusões precipitadas a respeito da aparência. "De início, eu era tipo: 'argh, você não é bonito'.

Mas agora estou mais aberta." Por um tempo, ela saiu com um cara que tinha "uma barriguinha e cabelo branco", e ela acabou o achando "lindo". Outro cara com quem ela saiu tinha 1,90m e o formato de uma "árvore de natal", mas tinha uma boca bonita. "Eu imaginei que poderia beijá-lo e exploraríamos a partir dali", ela diz. "Mas eu já sabia que na cama eu precisaria ficar por cima, ou ele ia me esmagar como uma panqueca."

Outra regra é que ela nunca encontra um homem novo na casa dele. "A primeira transa é sempre na minha casa", diz. "Eu moro em um prédio com porteiro. Quem entra em casa comigo é uma informação pública, há um registro." Ela prefere assim por questões de segurança, mas isso não a impede de se divertir. "Meu outro critério é que, se eu sei que não vou sair com alguém de novo, estou totalmente aberta a trepar com ele", diz ela.

Mas sua maior epifania foi que homens da idade dela têm mais "medo" que as mulheres de entrar em sites de namoro on-line e, na maior parte dos casos, aparentam a idade que têm. "Mulheres de 45 anos precisam saber que estão melhores que os homens da idade delas! Nós fomos condicionadas a nos maquiar de manhã e escovar o cabelo, estamos em melhor forma, mesmo as que pensam que estão uns 15kg acima do peso ideal, e temos mais atitude também."

Anna, 23 anos, sobre como ela consegue fiertar digitalmente depois de ter sido assediada duas vezes.

Quando Anna chegou a Nova York, depois de se formar na faculdade, não conhecia ninguém. "Eu achei meus *roommates* no Craigslist e baixei o Tinder para fazer amigos", conta. Ela também nunca tinha estado em um relacionamento sério. "Eu cresci em uma cidade muito pequena no interior da Pensilvânia", diz ela. "E então, na faculdade, não conheci ninguém que eu realmente quisesse namorar."

Isso mudou quando ela conheceu Jon*, um dos primeiros homens com quem deu *match* no Tinder. "Ele era muito inteligente e parecia ambicioso e motivado", lembra. "Eu realmente gostei dele." Eles saíram algumas vezes antes de ela concordar em ir para o apartamento dele. "Eu queria mais do que só beijá-lo", explica. Mas então, enquanto eles estavam de brincadeira na cama, ela percebeu que não estava pronta para transar. "Eu disse, 'pare, eu não estou a fim de fazer isso'", ela lembra. Ele não parou. "Eu disse que ele estava me machucando, e ele só segurou meus braços com mais força. Então ele me virou para que eu não pudesse falar mais. Eu nunca tinha feito sexo antes."

Quando ele estava "satisfeito", ela se vestiu rapidamente e foi para casa. Lá, sua *roommate* notou que algo estava errado. "Ela disse: 'Você está bem?'." Anna se lembra. "Eu respondi: 'Estou bem! Acabei de transar'. E ela continuou tipo: 'Você não está bem?'. E eu comecei a chorar."

Alguns dias depois, Jon mandou uma mensagem para ela. Anna ainda estava confusa a respeito do que tinha acontecido, então ela concordou em passar no apartamento dele durante o dia, pensando em conseguir alguma explicação. "A primeira coisa que ele fez foi me dar um tapa na bunda", ela lembra, e foi quando ela percebeu que talvez tivesse cometido um erro. "Eu disse: 'Não é para isso que eu vim aqui, eu não me diverti da última vez'." Mas em vez de se desculpar, ele tentou levá-la para a cama de novo. Ela saiu do apartamento em pânico, bloqueou o número dele e deu uma pausa no Tinder.

Alguns meses depois, Anna contou o que tinha acontecido à sua mãe, que sugeriu denunciar Jon à polícia. "Eu só conseguia pensar: 'Quem vai acreditar em mim?'. Já se passou tanto tempo e, além disso, eu tinha bebido e estava no Tinder. Eu me culpava pelo que tinha acontecido." Em vez de denunciar, ela classificou o encontro como uma experiência terrível e tentou deixar isso pra trás.

Quando ela finalmente voltou ao Tinder, mais ou menos seis meses depois do incidente, ela logo conheceu Javier*, que ela diz que a conquistou de cara. "Ele era totalmente encantador." Mas, depois de saírem por algumas semanas, ele começou a criticar o peso dela. "Nos restaurantes, eu pedia alguma coisa e ele dizia: 'Cuidado! Você vai ficar gorda'." Anna teve um transtorno alimentar na adolescência, e ele sabia disso, então os comentários não eram facilmente ignoráveis. "Ele também dizia coisas como: 'Você não é magra, mas eu gosto de você mesmo assim'. Ou o contrário: 'Você precisa comer mais, está perdendo peso'.", ela lembra. "Era uma manipulação constante."

Eles estavam saindo havia dois meses quando ele pegou o telefone dela sem permissão e viu que ela ainda estava no Tinder. "Eu estava no apartamento dele, e ele começou a gritar comigo e então me empurrou contra a parede com tanta força que eu sabia que ia ficar com hematomas." Apavorada, ela correu para fora do apartamento, mas ele a seguiu. "Eu me escondi atrás das escadas do prédio, mas ele me encontrou e me seguiu até o lado de fora, mas aí, ainda bem, eu consegui parar um táxi." No caminho para casa, ela ligou para os pais e ficou chocada ao descobrir que ele já havia falado com eles. "Ele mandou uma mensagem para o meu pai no Facebook, compartilhando detalhes do nosso relacionamento e perguntando onde eu estava. Ele mencionou que estaria esperando por mim no dia seguinte, quando eu saísse do trabalho", diz Anna. Então, o pai dela veio da Pensilvânia para ter certeza de que Anna ficaria bem. Ele também ligou para o chefe de polícia do seu bairro, que ele conhecia, para saber o que Anna poderia fazer para se proteger. Nesse ponto, ela já tinha recebido e-mails ameaçadores e estava realmente assustada, mas decidiu não pedir uma restrição judicial porque descobriu que ele estava prestes a sair do país em uma longa viagem de trabalho. Felizmente, ele parou de mandar mensagens e ela pôde seguir com a vida.

Contudo, a experiência a abalou. Anna não achou que voltaria a namorar outra vez. Em vez disso, ela passou a frequentar uma terapeuta cognitiva-comportamental duas vezes por semana para elaborar o trauma das duas experiências. "Eu comecei a meditar", ela explica. "E isso realmente me ajudou a deixar de me ver como vítima e passar a me enxergar como uma sobrevivente."

Seis meses depois, ela se reconectou com um cara de quem gostava desde a faculdade. "Era um feriado e nós dois estávamos num lago com amigos", lembra. "Mas eu tinha medo demais até para brincar com isso." Os dois mantiveram contato e, algumas semanas depois, ela contou a ele o que tinha acontecido, e essa experiência se mostrou o melhor dos antídotos. Ele estava terminando seu MBA, então Anna sabia que não seria um relacionamento longo, mas ela explica: "Ele me lembrou do tipo de relacionamento que eu deveria estar procurando".

Quando finalmente se sentiu pronta para um relacionamento íntimo com ele, Anna o alertou: "Se eu disser pare, preciso que você realmente pare. Não é sinal de que estou te provocando". Mas, depois de conversarem, ele decidiu que queria esperar até que ela realmente se sentisse pronta. "Ele era incrível e me fez entender o quanto a confiança é importante", ela diz. Essa experiência ensinou a Anna algo profundo a respeito de relacionamentos: "Um cara bom vai respeitar os seus limites. Isso não é negociável".

O verão acabou. Ele voltou para a pós-graduação e ela para o Tinder. "Meu coração parou no momento em que eu vi o perfil do homem que me estuprou", conta ela. "Eu o denunciei imediatamente — e deixei um comentário contando o que ele havia feito." Quando ela se deparou com o perfil de Javier, ela o denunciou e o bloqueou também.

Anna se sente bem mais no controle agora e tem regras para encontros do Tinder. "Eu sempre marco os encontros em espaços públicos. Se alguém me convida para ir ao apartamento dele, eu digo *não*. Se o cara insiste, então eu não saio com ele." Ela também está interessada em conversas que sirvam como um barômetro que indica se ela deve ir a um segundo encontro. Essa tática a ajudou a achar um cara ótimo no Tinder, que não fazia o tipo físico dela, mas que tinha um papo incrível. "Eu nunca tinha tido esse tipo de química com ninguém antes. Quer dizer, você tem aquele *crush* à primeira vista com algumas pessoas e, então, vem a conversa. Mas com ele foi o contrário."

Acabou sendo um relacionamento de seis meses. "Ele me ensinou a olhar o pacote completo: alguém que faz eu me sentir bem e me trata bem e alguém com quem posso ter relações sexuais", ela diz. A experiência também a ajudou a pensar no namoro on-line como algo bom, uma virada inacreditável depois de um começo tão terrível. "Minhas experiências me tornaram a pessoa que sou hoje", explica. "Apps de namoro me deram a oportunidade de me conectar com pessoas fora do meu círculo imediato e ter experiências com pessoas que mudaram minha vida — mais coisas boas que ruins. Seja o Tinder, o Bumble ou o Hinge, eu vou continuar a usá-los até encontrar o cara certo."

Regra #6
Você não vai emagrecer comendo a mesma m*rda de antes.

UM TREINADOR OLÍMPICO UMA vez me disse: nos dias em que você não quer ir à academia, tire o peso dos seus ombros e vá com o pequeno objetivo de apenas se alongar. Deite-se num colchonete e comece a se alongar e, em geral, é provável que você se surpreenda ao ver que, uma vez que começou — e está cercada por outras pessoas se exercitando —, se sentirá motivada a subir numa esteira ou num aparelho de musculação e, de repente, estará fazendo exercícios também. Vale o mesmo para namoro. Começar pode parecer um esforço gigante e quase impossível, mas, uma vez que você entrar no ritmo, cercada de outras pessoas fazendo o mesmo, fica mais fácil.

Encontros são como exercício. Você odeia. Você não quer. Você prefere bem mais ficar no sofá com um pijama confortável e fazer uma maratona de *Gilmore Girls*. Em parte isso acontece porque levamos essa coisa de encontros a sério demais! Transformamos o conceito de um encontro em algo do qual depende tanta coisa que não sobra nenhuma diversão. Pare o turbilhão no seu cérebro por um minuto e pense estrategicamente.

Analise quando você se sente no seu melhor. Você é boa em manter uma conversa fiada e deixar os outros à vontade? Nesse caso, um encontro às cegas pode ser uma boa chance de brilhar. Ou você fica apavorada só de pensar em conversar com um estranho e ser arrumada para sair por uma amiga a ponto de nem parecer você mesma? Nesse caso, pergunte à outra pessoa se ela quer ir jogar boliche, experimentar um curso de harmonização de vinhos, fazer uma caminhada, ir a um show — encontros em que você já tem algo pronto para ser discutido. Para aliviar a pressão, tente um encontro em grupo, com outros amigos solteiros e talvez alguns casais. Faça um plano que tenha como função central te colocar no seu melhor.

Encontros podem de fato ser horríveis. Podem ser desconfortáveis, embaraçosos, humilhantes. Podem transformar a mulher mais confiante e durona em uma geleca insegura e trêmula. Mas também podem ser divertidos, animadores, esperançosos. E se não acabarem em amor, podem acabar com você ampliando seu círculo social. Você pode fazer ótimos amigos, que podem apresentá-la a outros. Vale a pena, reforça a antropóloga Helen Fisher, porque o que você ganha é, em termos antropológicos, um "parceiro de acasalamento" — não importa se você quer ou não ter filhos.

"Encontros não são divertidos", Fisher admite. "Mas vão te levar ao maior prêmio da vida. Você precisa arranjar tempo para isso." E quanto mais tempo você investe nos encontros, maiores são suas chances de encontrar o parceiro ideal. Essa é, ela acrescenta, a decisão mais importante que uma mulher tomará na vida. "Ela terá vários trabalhos diferentes, férias, viagens, amigos que vêm e vão e vários lugares em que morará", Fisher explica. "Mas ela está procurando um único parceiro e, para muitas mulheres, essa é a pessoa com quem ela vai compartilhar seu DNA."

Encontros são um exercício essencial no seu planejamento. Torne-os um hábito regular. Marque na agenda: *kickboxing* no sábado, JDate na quinta, ioga na sexta de manhã, Tinder no sábado à noite. Crie um ritmo. Tente dois encontros por semana. Varie. Use *apps* diferentes.

Encontros são um exercício essencial no seu planejamento. Torne-os um hábito regular.

E tente se divertir.

Com frequência, quando você está numa busca, é fácil esquecer que o objetivo principal dessa empreitada é trazer alegria para a sua vida. Nós somos basicamente programados para querer um parceiro. E embora nossas expectativas culturais tenham mudado dramaticamente nas últimas décadas, a programação cognitiva ainda é a mesma. "Nas gerações passadas eram pais, padres e amigos que nos ajudavam a achar alguém com quem procriar", explica Fischer. "Hoje, esse é um trabalho da internet."

A boa notícia é que o mundo se abriu e, com ele, nossas possibilidades de namoro.

Nos tempos em que a sociedade era agrícola, a escolha de parceiros de uma mulher era limitada a quem vivia a uma distância possível de ser cruzada a pé da vila ou fazenda dela. Isso mudou nos tempos industriais, com o grande êxodo rural em direção a cidades densamente populosas, onde redes se criaram e estranhos, que antes ocupavam toda uma região, agora se viam espremidos pela primeira vez na história. Enquanto os homens iam trabalhar nas fábricas, as mulheres precisavam ficar em casa para cuidar das crianças, dos idosos e se ocupar da vida doméstica. Isso também mudou quando as mulheres entraram na força de trabalho. "Antes, o casamento acontecia quando você tinha 21, 22 anos, e agora, a maior parte das pessoas se casa aos 28, 29", diz Esther Perel. Um relatório do Centro de Pesquisas Pew mostrou que 42% das pessoas entre 25 e 29 anos[1] eram casadas em 2010, em comparação a 84% nos anos 1960.

A autora Rebecca Traister, cujo livro *All the Single Ladies* examina o aumento no número de mulheres solteiras e financeiramente independentes[2] nos Estados Unidos, argumenta que, apesar de suas conquistas acadêmicas impressionantes e do amplo poder aquisitivo, mulheres solteiras entre 22 e 29 anos ainda são vistas como "pré-esposas", como se só se tornassem cidadãs sérias e plenas ao acharem um par. Na realidade, ela aponta, esses anos não são apenas a maior janela fértil de uma mulher para ter filhos, mas também um período fértil para iniciar e crescer em uma carreira, uma parte essencial da vida. Perel diz que, para essas mulheres que querem se casar, a década anterior ao casamento é hoje passada desenvolvendo e construindo uma identidade. "Quando você conhece alguém novo, você quer que essa pessoa reconheça seu crescimento pessoal", diz Perel.

Como discutido na regra anterior, é muita pressão para uma pessoa só. "A nova definição de 'pessoa certa' é alguém que vai me fazer ter vontade de sair dos *apps*, que vai me curar da minha ansiedade em relação ao que está lá fora, aquietar meus rumores internos", argumenta Perel. "É a pessoa certa em uma cacofonia de opções concorrentes. Como você sabe que não há outra "pessoa certa" melhor? É um pouco como um hamster correndo em uma roda, girando no mesmo lugar sem ir a parte alguma. E, ainda assim, muitas mulheres ficam presas nesse jogo de manter as possibilidades abertas com parceiros pontuais enquanto ainda buscam por sua "pessoa certa".

É um estado que Perel chama de "ambiguidade estável", em que ambas as partes dão esperanças uma à outra, ou dão sinais confusos, para manter o outro em suspenso, porque eles não estão prontos para se comprometer inteiramente ou desistir de vez.

Soa familiar? Eu passei meus vinte anos fazendo isso com as pessoas e vendo pessoas fazerem isso comigo também. Não era muito satisfatório, mas eu pensava nesse jogo como uma forma de manter as possibilidades abertas. "Essa mentalidade, que agora já está entranhada no mundo do namoro, faz as pessoas se sentirem descartáveis", Perel diz. "Então, você está em um relacionamento profundo o suficiente para você não estar sozinha, mas não suficiente para ter fechado as opções." Fisher acrescenta que a ideia de muitas possibilidades alimentada pela internet leva a um tipo de paralisia conhecida como sobrecarga cognitiva. "As mulheres têm tantas opções que seguem procurando pela certa", ela explica. "Em vez de conseguir fechar com um parceiro em potencial, elas vão se tornando mais e mais exigentes a respeito de como esta pessoa deve ser." O cérebro fica exausto de tanto tomar decisões e, no final, não escolhe nenhum.

Namoro on-line não é muito diferente das compras pela internet, em que você olha oito pares de jeans brancos diferentes até encontrar o modelo perfeito e, então, quando ele finalmente chega, você os experimenta e se sente arrasada e tomada por um sentimento desproporcional de decepção por ter feito a escolha errada, além de assombrada por todos aqueles jeans que deixou para trás. Como Perel nota, relacionamentos se tornaram commodities. "Não é mais uma economia de produção, quando você precisava de seis ou sete crianças para ajudarem na fazenda", diz. "É uma economia de serviços na qual você quer ter uma experiência significativa."

Não é de se admirar que as mulheres queiram experimentar, avaliar suas opções e esperar pelo parceiro perfeito. Há muita coisa em jogo. Mas esperar demais pode só te impedir de descobrir quem seria esse parceiro ideal. "Por um lado, você tem liberdade máxima, mas, como tem tanta liberdade, também sente que não tem nenhum controle", completa Perel. "Você está tentando controlar a imprevisibilidade da vida. Mas a vida não funciona assim."

Gerações anteriores possuíam outras expectativas — as mulheres sabiam com que tipo de pessoa precisavam casar, de que classe social, com qual educação e de qual religião. "Todas essas eram categorias de acasalamento e um processo de seleção", Perel explica. "Agora o mundo todo está aberto." Você pode namorar quem quiser, cruzando raça, religião e gênero. É uma época excitante e isso por si só pode parecer amedrontador. E é exatamente por esse motivo que você precisa criar seus próprios critérios e garantir a você mesma que essa pessoa vale um segundo, terceiro ou quarto encontro.

Fisher torna essa tarefa fácil ao sugerir que você limite o número de parceiros que chega a considerar. "Escolha um parceiro e vá a mais de um encontro. Todos os estudos mostram que quanto mais você conhece alguém, mais você gosta dele e mais ele gosta de você."

Além disso, como mencionado na Regra #4, a ideia de que você vai se apaixonar à primeira vista é completamente possível, mas na verdade não é muito provável. No estudo anual *Solteiros nos Estados Unidos*[3], que Fisher conduziu para o Match.com, ela descobriu que 59% das mulheres entrevistadas não acreditavam que teriam química no primeiro encontro e 34% não acreditavam que teriam em um segundo encontro. E, ainda assim, a ideia romântica do amor à primeira vista leva tantas a terem expectativas tão altas para um primeiro encontro que acabam matando qualquer possibilidade real. "Esqueça a química. Amor romântico é como um gato dormindo", Fisher explica. "Pode ser acordado a qualquer hora e, a não ser que dê uma chance às pessoas, você irá passar a vida procurando. É simples assim."

Pare de fantasiar com o estranho que pode estar em qualquer lugar e que é perfeito para você e comece a imaginar todos os lugares em que a outra pessoa pode estar — incluindo talvez sentado bem na sua frente. Passe mais tempo procurando um parceiro na vida real do que nas redes sociais. Todas nós estamos sujeitas ao que eu chamo de TDAA: Transtorno do Déficit de Atenção Amorosa, um mal moderno agravado pelo fato de que você não precisa se comprometer porque há sempre outro *match* e assim você não se foca no que pode estar bem na sua cara. Claro, a dificuldade de enxergar o que está bem na sua frente não é novidade. Olhe para o eterno apelo e sucesso de Jane Austen e seus romances de duzentos anos atrás, cheios da deliciosa tensão de "eles vão ou não ficar juntos?": "Emma irá ficar com o Sr. Knightley? Elizabeth Bennet finalmente admitirá o que os leitores sabem desde o início: que apesar de discutir com ele o tempo todo, ela está derretida pelo Sr. Darcy?". Essas tramas são sedutoras porque elas imitam a vida real, na qual nossos futuros amantes quase sempre estão bem diante do nosso nariz.

O mesmo cara que você pensou que era um chato completo duas semanas atrás pode acabar sendo um dos homens mais engraçados e sensuais do planeta.

Você precisa dar uma chance para o amor. Nós nunca sabemos quando ele vai se tornar uma possibilidade, então é vital se abrir para toda e qualquer oportunidade. Quanto a saber quem você vai amar, isso já é difícil. "Todas nós crescemos com um mapa do amor", explica Fisher. "Você cria uma lista inconsciente do que te atrai em um parceiro. Mas nós não sabemos todas as coisas que nos excitam e nos atraem. O mesmo cara que você pensou que era um chato completo duas semanas atrás pode acabar sendo um dos homens mais engraçados e sensuais do planeta. Você só precisa dar uma chance para ele. Não há segredo nisso."

Não existe outra forma de dizer isso: apenas faça o que é preciso fazer.

Lista de Tarefas

Faça uma lista de todas as suas possibilidades e escolha três.

Para cada uma, pense em formas interessantes de vocês se conhecerem melhor.

Sugira um passeio de bicicleta, um show, ou uma visita ao museu. Ou uma caminhada no parque. Pegue emprestado o cachorro de um vizinho para aliviar a pressão. Experimente um passeio diferente: um protesto político, ou uma aula de algum esporte, ou um show de mágica.

Ou você pode ir a um bar, mas talvez um com música ao vivo para que vocês não precisem conversar o tempo todo e você possa observar a reação dele à banda. Fazer um programa juntos dará a vocês mais oportunidades de realmente se conhecerem, lhes dará algo em comum de início e te permitirá descobrir se ele tem senso de humor.

Se você se divertir, mas sentir que não há química, não o dispense de cara. É contraintuitivo, mas, a menos que você se sinta absolutamente enojada por ele, vá a um segundo encontro. O amor vem de todas as maneiras. Pode levar tempo. E, às vezes, pode até chegar de fininho.

ESTUDOS DE CASO

Gigi*, 56 anos, sobre como ela nunca pensou que se casaria de novo – até que seu colega de longa data confessou que a amava.

Gigi conheceu seu primeiro marido quando tinha dezenove anos. Durante os 23 anos seguintes, eles tiveram dois filhos e construíram carreiras de sucesso. Mas, no meio dos "estresses diários da vida", ela diz, "nós paramos de prestar atenção um ao outro".

O casamento estremeceu, e eles se divorciaram. Ela tinha 42 anos, os filhos, dez e catorze, e Gigi nunca pensou que namoraria outra vez, muito menos que se casaria. "Eu sentia que meu casamento era um fracasso e só queria focar nos meus filhos e no meu trabalho", lembra. Como vice-presidente de uma grande empresa de entretenimento, ela era financeiramente independente e tinha dois meninos para criar. "Eu não pensei que conheceria alguém aos quarenta e tantos anos", ela diz. "Então decidi nem tentar."

Isso não impediu os homens de a abordarem. "Na fila do supermercado, um cara muito mais novo perguntou se eu queria tomar um drinque com ele", conta. E um colega casado começou a flertar com ela "acintosamente" em um evento de trabalho. Quando ela lhe disse que era uma péssima ideia, ele lhe perguntou por quê. A resposta dela: "porque você ama sua esposa". Os dois incidentes fortaleceram a resolução dela de permanecer solteira.

E então, uma tarde, ela estava em um carro com seu chefe, com quem ela trabalhava havia sete anos. "Nós tínhamos acabado de passar um relatório financeiro para nossa equipe executiva e estávamos a caminho do aeroporto quando ele se virou para mim e disse: 'Eu preciso te contar uma coisa'", ela lembra. "Eu achei que ele fosse dizer 'bom trabalho!'. Em vez disso, ele falou: 'Você se tornou minha melhor amiga e eu te amo'."

A confissão a chocou. "Nós nunca tínhamos sequer flertado, muito menos dado as mãos ou nos beijado. Ele me pegou totalmente de surpresa."

Além disso, ele era o chefe dela, o que ela fez questão de mencionar no carro: "Eu disse: 'Temos centenas de pessoas que são nossos subordinados!'".

Nesse ponto, o carro havia chegado ao aeroporto e Gigi pulou para fora: "Literalmente fugi dele e então o evitei pelos próximos dias", ela conta. Havia muito a ser considerado — ela adorava trabalhar com ele, mas nunca tinha pensado em um relacionamento romântico. "Ele é expansivo, doido, cheio de testosterona, um homem de Connecticut que ama o ar livre e tem um espírito independente", ela diz. "E eu sou uma asiática da cidade, liberal e que gosta de abraçar árvores." Além do que, ele era o número um no departamento deles, ela era a número dois. Se não desse certo, então seria ela quem teria que deixar a empresa, o que parecia um risco grande demais. Ela admitiu tudo isso para ele e se lembra da sua resposta: "Nossa vida não é mais importante que nosso trabalho?". E também acrescentou: "Eu posso achar um novo emprego. Nunca me senti assim antes. Eu estou disposto a arriscar".

Então ele apontou algo com que encerrou a discussão: eles tinham uma vantagem em relação à maioria dos casais, porque eles já gostavam um do outro. Gigi de fato gostava dele, imensamente, e começou a considerar um relacionamento. Depois de muita análise, ela decidiu que "a equação entre risco e recompensa valia a pena".

Durante o primeiro encontro — um passeio no parque —, ela percebeu que também sentia algo por ele. Três meses mais tarde, eles decidiram que era o momento de contar aos superiores. Foi aí que Gigi viu uma mudança nele. "Ele entrou em pânico", ela diz. Eles vinham planejando uma viagem de trabalho e ela sugeriu não acompanhá-lo, sentindo seu desconforto. Quando ele concordou, Gigi decidiu: "Ok, acabou".

Os dois voltaram a ser colegas, mas deixaram de ser amigos. "Foi chato", lembra ela. Pior, ele ligou para Gigi para contar que havia começado a sair com outra pessoa. Quando ela lhe agradeceu por tê-la avisado, ele disse: "Você não vai dizer que sou um babaca?". Gigi respondeu friamente: "Você sabe exatamente quem e o que você é. Não precisa que eu te diga". Ele admitiu que isso foi mais ofensivo do que se ela de fato o tivesse chamado de babaca.

Mais quatro meses se passaram antes que ele lhe dissesse que tinha percebido que havia cometido um erro terrível. Gigi se lembra da conversa: "Ele disse: 'Eu sou tão idiota', e eu respondi: 'Isso já está claro. Agora, sobre o que você quer falar?'".

Ele queria tentar de novo, mas Gigi sentia que não podia confiar nele e lhe disse isso. O fato de ele admitir seu pânico — e enfatizar que naquele meio-tempo havia percebido que realmente a amava — a deixou confiante para dar ao relacionamento uma segunda chance, já que também ainda sentia algo por ele.

Devagar, os dois voltaram a se ver. Em certo ponto, ele confessou que estava preocupado porque ela era "gentil demais", e Gigi disse: "Isso não seria maravilhoso? Se nosso relacionamento fosse construído com base na gentileza?". Ele concordou. E embora eles tivessem concordado em não se casar de novo, ela aceitou o pedido de casamento dele depois que um colega de trabalho deles se casou com seu parceiro de muitos anos quando a união gay foi legalizada. "Era uma história tão comovente", Gigi se lembra. "Tão comovente que Shawn me pediu em casamento e eu disse *sim*."

Gina*, 32 anos, sobre conhecer seu marido graças a uma transa casual na Itália.

Gina tinha 25 anos e estava comandando uma empresa de RP quando um de seus clientes convidou ela e sua sócia, Stefanie, para conhecer a fábrica de bolsas deles em Florença. As duas decidiram ir e transformar a experiência em uma aventura de dez dias. Ela pediu recomendações em Roma a um amigo italiano que vivia em Nova York e ele lhe deu o telefone de seu irmão, Mateo. Gina ligou para Mateo em sua primeira noite em Roma e encontrou ele e seu primo Luca em um restaurante naquele mesmo dia. Depois do jantar, eles foram a um bar superexclusivo para dançar. "Fiquei com Luca na pista de dança", conta Gina. "E dormi com ele naquela noite, pensando que nunca mais o veria de novo. Em Roma, faça como os romanos!"

Mas, na tarde seguinte, ela e Stefanie, que tinha passado uma noite igualmente divertida com Mateo, ligaram para "os italianos" para ver se eles queriam sair de novo. "Queríamos repetir a noite anterior", diz ela. Mas Mateo estava indo para Milão no dia seguinte, e Luca, para sua casa de praia a uma hora de Roma.

Já que era tão perto, Gina mandou uma mensagem para Luca para ver se ele queria jantar com elas na terceira noite. Ele aceitou. Depois do jantar, Gina deixou Stefanie no hotel e foi para a casa de Luca. "Quando eu acordei na manhã seguinte, ele estava abraçado comigo", conta. Foi difícil dizer tchau. "Eu tinha essa sensação estranha de que ele era o homem com quem eu me casaria", diz.

No entanto, naquele mesmo dia ela foi para Florença, onde ela e Stefanie continuaram a se divertir e a ficar com caras diferentes. Gina postou no Facebook uma foto de um homem beijando sua bochecha em uma balada, o que levou Luca a mandar uma mensagem: "Você está se divertindo ficando com todos esses caras?".

Era divertido, mas nada perto do que ela sentia por ele.

Por causa de um incidente com o trem, ela perdeu o voo para casa, que sairia de Roma, e então mandou uma mensagem para Luca para ver se ele queria jantar e se despedir. Eles passaram outra noite juntos e, dessa vez, Gina se sentiu realmente triste ao ir embora.

Isso foi no fim de novembro, e pouco depois ele entrou em contato para dizer que estava indo para Nova York em dezembro. "Naquele fim de semana, nós nos apaixonamos", diz Gina.

Ela voou de novo para vê-lo em janeiro e então ele foi para Nova York em fevereiro. Nesse meio-tempo, eles se falavam por Skype (isso foi antes do FaceTime) pelo menos uma vez — e, às vezes, várias vezes — por dia. "Nós realmente nos conhecemos bem", conta ela.

Então, em abril, ele ligou para dizer que tinha uma oportunidade de investir em um restaurante que seria aberto em Nova York e que começaria a agilizar o visto dele. Isso significava que ele se mudaria para Manhattan, mas só em setembro, e isso parecia uma eternidade. Por meses não houve novidades do visto, o que deixou Gina nervosa pensando se daria certo. "Eu comecei a explorar outras possibilidades", ela disse. "Eu não sentia que era real."

Ela ainda gostava dele, mas queria ser realista. Naquele verão, foi passar três semanas com ele na Itália. E, embora tenha sido "maravilhoso" — sexo todo dia em uma vila pitoresca —, também não parecia real. Então eles começaram a falar em termos práticos a respeito da ida dele a Nova York. Sem novidades do visto, o casamento parecia ser a única opção para que eles ficassem juntos. "Não era assim que eu queria me casar", diz ela. No final, o visto saiu, e Luca se mudou para Nova York no final de setembro, depois que os dois já estavam juntos há quase um ano. Ele arranjou seu próprio apartamento para começar, mas passava todas as noites com Gina. Um ano depois, foram morar juntos. Mais ou menos seis meses depois, eles acordaram um dia, olharam um para o outro e disseram: "Vamos nos casar".

Regra #7
Chega de comidas para se sentir confortável. Está tudo bem sentir um pouco de fome.

Uma vez que tiver começado uma dieta amorosa saudável, você deve ser capaz de resistir às tentações em seus momentos de fraqueza, portanto, precisa criar um ambiente para não cair de volta nos velhos hábitos ruins.

Se você ama *donuts*, mas sabe que eles causarão arrependimento depois da alegria inicial, mantenha-os longe da sua cozinha. Não passe pela loja de *donuts* no caminho para o trabalho e delete o número da padaria que os entrega.

O *donut* é uma metáfora para o seu ex: caloroso, doce, familiar e cheio de gordura trans que vai entupir suas artérias e, eventualmente, provocar um enfarto. Se você está em uma amizade colorida, então se pergunte para quem isso vale a pena. O ex e o pau amigo são o equivalente amoroso dos lanchinhos. Eles disfarçam a fome em curto prazo e te dão aquela alta de açúcar por um breve e reconfortante momento, então vem a inevitável hipoglicemia, seguida pela exaustão. Da próxima vez, sua fome só ficará maior.

Você fez uma lista de tentações na Regra #3. Agora volte, revisite essa lista e cheque seus armários. Você está escondendo coisas no fundo deles e fingindo que não contam?

Se seu ex continua mandando mensagens te chamando para uma transa de terça à noite, ou se seu parceiro de estudos quer fazer sexo antes e/ou depois de vocês revisarem a matéria, não deixe que isso se torne um hábito a menos que você tenha certeza de que é interessante para você a longo prazo. Em vez disso, pare e se pergunte: "O que estou tirando dessa experiência? Como vou me sentir durante? E depois?".

Todas nós temos desejos, físicos e emocionais, e confeitos e calda podem acalmá-los na hora, mas estamos planejando em longo prazo. E não se engane dizendo que vai comer só metade do *donut* — ou que só dessa vez não fará diferença, porque você não vai fazer isso de novo.

O *donut* é uma metáfora para o seu ex: caloroso, doce, familiar e cheio de gordura trans que vai entupir suas artérias e, eventualmente, provocar um enfarto.

Para me manter na analogia: é mais fácil evitar completamente o *donut* cheio de creme, porque cada mordida é projetada pela química alimentar para te fazer querer comer ele todo e, em seguida, mais um. Essa não é uma luta justa! Aquele bocado de recheio quentinho e cremoso não está brigando apenas com sua força de vontade, mas com toda a química cerebral alterada por açúcar, xarope de milho e gordura combinados cuidadosamente para produzir essa reação.

De forma similar, quando você faz sexo com alguém, o ato liberta todos os sentimentos.[1] É isso que o sexo faz. Especialmente com alguém que você já sabe como satisfazer e que sabe fazer o mesmo com você. É difícil demais! É mais fácil se manter afastada, bloquear o telefone dele, achar novos lugares para ir, aonde você sabe que não vai encontrar com ele.

Se dê uma chance ao parar de vez. Você não precisa se agarrar a um ex. Às vezes, você precisa ter coragem. É preciso largá-lo de vez.

O mesmo vale para os encontros que não envolvem sexo, as paixõezinhas, aquelas obsessões não correspondidas que consomem nossa energia emocional e nossa imaginação, mas nos deixam vazias. Conte todas as horas que passou curvada sobre seu notebook, obcecada com os perfis de ex. Começa com uma conferida rápida e casual, e então está desenhada uma noite solitária: fuçando sem parar, alimentada por insegurança e ciúme. *Stalkear* nas redes sociais não te leva a lugar algum e te deixa vazia e com raiva. Pense no tempo e na energia que você gastou, nos livros que não leu, nas pessoas que não conheceu, os hobbys que não tentou, a academia a que não foi, enquanto caía no buraco solitário do Instagram vendo quem eles marcaram nas fotos e as horas incontáveis checando quem os marcou de volta.

Da mesma forma que você come batatinhas sem notar, prometendo que essa é literalmente a última, você pode estar em um relacionamento que sabe que não vai dar em lugar nenhum, mas está faminta por amor e isso parece menos assustador do que não ter nada. Você está ocupada e parece fácil, porque mantém o motor funcionando. Talvez ele seja casado, então não é uma possiblidade em longo prazo. É só uma distração.

Então, antes de ficar com mais alguém, ou ir a mais um encontro, faça um inventário. Faça uma lista de todas as pessoas na sua vida e as classifique em termos de energia que entra e energia que sai. Há alguém na sua vida neste momento que esteja bloqueando sua busca pelo amor? Pode ser um ex, ou um vizinho, ou um antigo amigo da faculdade. Também pode ser sua melhor amiga, seus pais, ou seu irmão.

Pode ser a melhor amiga que fica arranjando um monte de defeitos cada vez que você começa a sair com alguém. Também pode ser o chefe exigente demais que te faz ficar até tarde ou trabalhar nos fins de semana, nas horas em que você deveria estar por aí, explorando outras áreas da sua vida. Ou também pode ser a família exigente ou disfuncional que vê a possibilidade de você encontrar o amor como uma ameaça direta ao bem-estar deles, ou que quer te convencer a ficar com alguém que faça a vida deles mais confortável.

Escreva o nome de cada pessoa cuja opinião está entrando no caminho do seu objetivo amoroso. E, então, faça uma nota mental para parar de compartilhar detalhes de um novo relacionamento com essas pessoas, até que você tenha certeza de que é sólido o suficiente para aguentar a reação delas. É tão fácil falar demais para as amigas, e, uma vez que um segredo está aí, você não pode pegá-lo de volta. Isso vale para conversas e para expor detalhes da sua vida íntima na internet.

Há um momento na primeira temporada de *Insecure*, a brilhante "dramédia" de Issa Rae para a HBO sobre a vida de uma mulher solteira de vinte e poucos anos que mora em Los Angeles, na qual Molly, uma advogada de sucesso e melhor amiga de Issa, se apaixona por um cara maravilhoso e gentil que trabalha como gerente em uma empresa de aluguel de carros. Quando a conhecemos, Molly já saiu com vários babacas que conheceu on-line, mas esse cara é diferente. Ele a trata com respeito e a faz se sentir bem consigo mesma. Eles têm uma atração verdadeira — tanto física quanto emocional. Então, quando ela lhe pede para compartilhar seu momento mais íntimo — e embaraçoso — numa noite em que eles já dividiram uma garrafa de vinho, ele admite ter tido uma coisa na faculdade com um colega homem. Ela pira. E, na cena seguinte, nós a vemos presentear sua tropa de amigas críticas e fofoqueiras com a confissão secreta dele.

O espectador sabe que Molly arruinou qualquer chance de fazer o relacionamento com esse cara dar certo, porque seguir com ele seria contrariar a opinião de suas amigas. Mulheres fazem isso o tempo todo. Damos aos nossos grupos de amigas, que são de fato divertidos, informação e poder demais. Pedimos que elas sejam nossas terapeutas, mas sem o treinamento e a distância objetiva que esse tipo de profissional precisa ter. Fracassamos na hora de fazer para nós mesmas as perguntas mais difíceis: Por que estamos com ele? Ele nos faz feliz? Quem se importa se ele uma vez se agarrou bêbado com outro homem se foi há dez anos e ele faz você se sentir ótima? Tarde demais. Suas amigas já o condenaram. Mas elas nem sempre sabem o que é bom para você.

Dar informação demais para as suas amigas é uma barreira no caminho de firmar um novo relacionamento. Outro obstáculo são as redes sociais, que criam uma falsa impressão de que é preciso compartilhar tudo publicamente. A maioria de nós faz isso. Compartilhamos os detalhes mais banais: os waffles que comemos no café da manhã, os novos pijamas chiques que usamos para dormir, quanto peso levantamos na academia, com quem ficamos bêbadas na balada.

Por um lado, isso deveria fazer as pessoas se sentirem conectadas com você, incluídas na jornada do seu dia. Por outro, é uma busca profunda por validação. E quando você passa tempo demais fazendo isso, você passa de protagonista da sua própria vida a atriz que faz tudo pela audiência.

Quantos amigos você tem no Facebook? No Instagram? LinkedIn? "Você não é no Facebook a mesma pessoa que é no Instagram ou no LinkedIn", a ciberpsicóloga Mary Aiken diz. "Então, você está apresentando todos esses eus diferentes, e dá muito trabalho manter isso. É exaustivo." Isso também deixa pouco tempo e energia para se dedicar a um relacionamento real. Passe tempo desenvolvendo amizades verdadeiras. "O número de Dunbar demonstra[2] que o número máximo de relacionamentos com que nós, como espécie, conseguimos lidar é 150", Aiken explica. "Depois disso começamos a sofrer de exaustão social."

Como uma muda frágil, um novo relacionamento precisa de espaço e luz para crescer forte. Relacionamentos são construídos com base em lealdade e respeito mútuos. E isso quer dizer manter os detalhes íntimos, os momentos de conexão e confiança profundas entre vocês dois.

Isso significa identificar todas as pessoas na sua vida que querem que você seja *realmente* feliz e, ainda assim, falar com elas sobre um futuro parceiro só quando você estiver pronta.

Não transforme encontros em anedotas para entreter suas amigas, a menos que você tenha certeza de que não vai sair com o cara de novo. Guarde algo para depois.

ESTUDOS DE CASO

Louise,* 38 anos, sobre saber quando realmente havia terminado.

Louise, que trabalha com marketing, e Martin, um engenheiro, namoraram durante quatro anos quando tinham vinte e poucos anos. "Eu conhecia Martin desde o ensino médio, mas não éramos próximos. Ele era dois anos mais velho que eu e um ótimo partido, e por acaso nós nos esbarramos depois de nos formarmos na faculdade e começamos a namorar. Eu estava nas nuvens, completamente apaixonada por ele nos dois primeiros anos", diz Louise. "Ele foi meu primeiro namorado de verdade e nós nos divertimos muito juntos. Tínhamos um grupo incrível de amigos, viajávamos juntos. Ele era meu amante, meu melhor amigo, eu adorava a família dele, nossas mães se davam bem, falávamos do nosso futuro juntos. E, então, depois de mais ou menos dois anos, eu comecei a perceber que era mais ambiciosa do que ele. Que queria explorar mais coisas, um trabalho melhor, novos amigos, e ele ficava feliz só passando o tempo em casa comigo, ou com seus amigos de sempre. Eu tinha um sonho recorrente em que eu era um barco a vela e estava tentando navegar mais rápido, e ele era uma âncora, me impedindo.

"Ele passou do cara que sempre parecia estar à minha frente para alguém que agora tinha ficado para trás.

"Eu levei um ano para admitir isso para mim mesma. Em parte porque todo mundo presumia que estávamos felizes, e reconhecer que não estávamos, até mesmo para minha mãe, seria desleal com ele. E, dentre os nossos amigos, eu era a sortuda, a que já tinha encontrado alguém, e eu não queria perder esse status. E, em parte, era porque não conseguia suportar a ideia de dizer isso a Martin, porque eu sabia que o nosso relacionamento era o que ele queria. Ele me encontrou e queria ficar comigo, e eu não queria desapontá-lo. Finalmente, eu disse que precisava de um tempo, e Martin ficou arrasado, mas então, para tentar evitar um pouco da dor, nós seguíamos dizendo que continuaríamos como melhores amigos. Era como se não conseguíssemos nos separar de verdade.

"Em parte foi culpa minha. Eu sabia que não queria me casar com Martin, mas se eu me via sozinha num sábado à noite, acabava ligando para ele. Martin, por sua vez, ficava bravo e começava a me dizer que eu não estava sendo justa. O que era verdade. Mas logo nós saíamos para jantar e eu pensava: 'Bem, talvez eu esteja errada e nós devêssemos ficar juntos'. E então nós fazíamos um sexo ótimo e saíamos para um brunch no domingo, e era tão reconfortante, tão melhor do que encarar um fim de semana incerto e solitário. Eu ainda não tinha conhecido ninguém novo e estava com medo de que talvez nunca fosse conhecer, assim, eu ficava nessa 'terra de ninguém' emocional. Estava tentando me convencer a seguir em frente e começar uma vida nova, mas, ao mesmo tempo, eu tinha medo demais de dar esse salto, então eu voltava correndo para Martin."

Essa situação de ex-colorido durou por mais ou menos um ano. "Conhecer pessoas novas foi mais difícil do que eu esperava. E, então, uma noite, nós saímos para beber alguma coisa e ele me disse que tinha aceitado um trabalho no Brasil, o que significava que teríamos que terminar de vez, porque ele não conseguia continuar daquela forma. Embora eu soubesse que eventualmente iria achar outra pessoa, ainda me lembro do pânico que senti quando Martin me contou isso. Mas eu também sabia que ele estava certo e eu não podia ficar no seu caminho. Ele iria mudar de país um mês depois e nós transamos pela última vez. Foi muito bom, familiar, carinhoso e triste.

"Eu troquei de emprego, comprei um apartamento, minha vida começou a andar da forma que eu queria. E ele conheceu uma pessoa no Brasil. Eu saí com alguns homens e, então, uns cinco anos depois que Martin se mudou, eu conheci o cara com quem me casaria e teria dois filhos.

"Depois de dez anos, mais ou menos, Martin conseguiu um ótimo emprego e entrou em contato comigo inesperadamente, quando voltou para os Estados Unidos, e sugeriu que nós quatro fôssemos jantar juntos. Pensei sobre esse convite, mas nunca respondi. Achei que não seria legal para ele, e eu não precisava vê-lo com outra pessoa. Nós tínhamos terminado."

Amy, 35 anos, sobre transformar um término devastador em um negócio.

Amy tinha 27 anos, morava em Vancouver e era a diretora de marketing de uma luxuosa rede de hotéis quando conheceu o homem com quem ela achou que iria se casar. Eles foram apresentados em uma festa por um amigo em comum e começaram a flertar pelo Twitter por alguns meses antes de finalmente começarem a sair.

Um ano e meio depois, os dois foram morar juntos e começaram a falar sério sobre o futuro. Ele era um empreendedor que tinha acabado de abrir uma empresa e, embora ela tivesse uma carreira emergente em marketing e RP, imaginava ficar em casa quando eles tivessem filhos. "Eu queria ser flexível para o cronograma de trabalho dele", explicou Amy. A mãe dela tinha ficado em casa enquanto seu pai trabalhava e Amy baseou seu futuro nesse modelo. "Eu sabia que nós provavelmente teríamos filhos, então parei de me esforçar tanto no meu emprego", conta. "Era tudo para ele." Amy até começou a "praticar" como ser a esposa perfeita. "Eu entrei nesse relacionamento sem nem saber fritar um ovo e aprendi a preparar jantares que já esperavam na mesa quando ele chegava do trabalho", diz. "Eu fazia até marmitas."

Ela tinha 29 anos quando perdeu seu emprego devido a cortes de gastos na empresa e acabou dando de presente ao namorado uma viagem à Europa com o dinheiro que tinha guardado. Deveria ser uma escapada romântica mas, em vez disso, acabou no término deles. "Eu descobri infidelidades e fiquei completamente arrasada", explica. Ela foi pega totalmente de surpresa: de repente não tinha casa, emprego ou parceiro. "Eu entrei em depressão, comecei a ter ataques de pânico, parei de comer e perdi uns 10kg em menos de um mês", ela diz. "Tinha pensamentos suicidas."

Espantada com o impacto físico e emocional do término, Amy buscou respostas na terapia, no Reiki, retiros de ioga e até mesmo em videntes. Embora tenham aliviado a dor imediata, ela ainda estava fervendo de raiva e ressentimento, o que tornava difícil sair com novas pessoas.

Então, um dia, Amy estava contando a história para um amigo e ele perguntou se ela tinha alguma boa lembrança do ex. "Na minha raiva, eu tinha esquecido de tudo que era incrível em nosso relacionamento", lembra. Ela também ignorou seu papel no fim do relacionamento. "Naquele mesmo dia, escrevi uma carta para o meu ex assumindo responsabilidade pelo que tinha acontecido. Isso me libertou."

Amy se mudou para Nova York a trabalho, voltou ao marketing e começou a escrever uma coluna sobre relacionamentos na internet. "Várias mulheres me escreviam durante a dor dos términos", lembra. "Eu comecei a perceber um padrão." Amy se dedicou a pesquisar o que acontece psicologicamente quando as pessoas terminam seus relacionamentos e aprendeu que o amor funciona literalmente como uma droga. Um término pode causar uma "intensa abstinência física", diz ela. "Além do que, há toda a vergonha que acompanha um rompimento."

Amy percebeu que faltava um lugar para mulheres compartilharem os pensamentos e emoções causados por términos ruins sem serem julgadas, então organizou um "acampamento do término", um retiro de um fim de semana para o qual convidou uma psicóloga para falar sobre o que acontece com o sistema nervoso de alguém após o término de um relacionamento, além de ministrar exercícios que poderiam ajudar. "Tipo como evitar *stalkear* no Facebook porque você precisa de uma dose de dopamina", Amy explica. "Você realmente sente dor física depois de um término, mas melhora com o tempo."

Amy é prova disso. Devido à enorme demanda, ela já está planejando o segundo workshop e tem planos de tornar esse seu trabalho em tempo integral. E embora ela ainda não tenha achado seu parceiro de vida, está confiante de que vai acontecer. "Eu realmente acredito que paciência é a chave", ela diz. "Dessa vez, quero fazer a escolha certa."

Parte três

Desafios e armadilhas do amor

Regra #8
Álcool não é um grupo alimentício. Respeite seus limites.

PERGUNTA: SEGUNDO O FBI e policiais, qual é a droga mais usada por estupradores nos Estados Unidos?

Reposta: Álcool.[1]

Ninguém ama uma ou duas taças de champanhe mais do que eu (ok, às vezes três, mas só em ocasiões especiais), mas a verdade é que beber é divertido até não ser mais — e esse meio-termo é diferente para cada um. Algumas mulheres já têm uma dor de cabeça depois da segunda margarita e então param; outras podem beber alegremente até perder a conta e a consciência. E, embora essa decisão seja 100% sua, vivemos em um mundo em que álcool e abuso sexual andam juntos. Como mencionado na Regra #4, o Instituto Nacional para o Abuso de Álcool e Alcoolismo (NIAAA, na sigla em inglês) afirma que metade de todos os abusos sexuais reportados[2] envolve consumo de álcool por parte da vítima, do agressor, ou ambos.

Ir a encontros e conhecer pessoas é difícil. Você não está no controle. Você está nervosa por ser julgada e criticada por outros e está censurando a si mesma. O álcool te protege. Ou pelo menos é isso que os primeiros copos fazem parecer. É uma armadura social. E há a pressão coletiva, que, ao contrário do que todo mundo pensa, não termina com seus anos de adolescência. Ela continua por toda a sua vida adulta. Todo mundo bebe! Por que você ficaria fora da diversão?

O problema é que é fácil perder o controle. Claro, ninguém merece ser assediada — esteja só alegre ou caindo de bêbada. Mas mulheres processam o álcool de maneira diferente dos homens. "Se um homem e uma mulher bebem mais ou menos o mesmo número de drinques, a mulher vai ser mais afetada e mais rápido", explica Sharon C. Wilsnack, Ph.D. e expert nos efeitos do álcool nas mulheres. Homens são normalmente maiores que as mulheres, mas além de tamanho puro e simples, têm mais músculos, enquanto mulheres têm mais gordura, o que quer dizer que o álcool sai dos homens, mas se mantém nas mulheres. Homens também têm uma enzima estomacal mais ativa[3] chamada álcool desidrogenase, que digere o álcool. "Ele está mais concentrado quando cai na corrente sanguínea de uma mulher porque não foi metabolizado da mesma forma que teria sido em um homem", Wilsnack acrescenta.

A alta concentração de álcool no sangue causa mais do que enrolar as palavras ou derrubar coisas. "Um alto consumo de álcool prejudica o julgamento, portanto você não percebe tantos sinais de perigo", Wilsnack explica. "E, fisicamente, você com frequência não tem mais coordenação suficiente para reagir." E é por isso que mulheres bêbadas correm um risco maior de sofrerem acidentes, contraírem DSTs, acabarem com uma gravidez não desejada ou serem agredidas sexualmente. Ainda assim, o álcool é um poderoso lubrificante social — e, para a maioria de nós, está entrelaçado com encontros e romance. "Nos primeiros estágios, bebendo leve ou moderadamente, o álcool é um afrodisíaco", Wilsnack diz. "Ele, de fato, nos deixa mais relaxadas. E isso é considerado uma vantagem para a maioria das mulheres."

Tudo bem beber duas taças de vinho durante uma noite. Mas, não importa o quão forte você pensa ser, quatro taças levam a maior parte das mulheres a um ponto onde pode ser difícil falar com clareza ou andar em linha reta. (De fato, o NIAAA define como um alto consumo alcoólico para mulheres[4] quatro bebidas em duas horas ou menos versus cinco bebidas no mesmo período para homens.) A chave é saber quando parar, porque a onda que buscamos em um sábado à noite pode rapidamente se tornar algo bem menos divertido.

Ninguém escreveu sobre isso de forma mais cuidadosa do que Sarah Hepola. Sua autobiografia, *Blackout: Remembering the Things I Drank to Forget* [Apagada: Lembrando as coisas que eu bebi para esquecer], é uma maravilhosa reflexão a respeito de como alguém pode facilmente se afundar usando o álcool para encontrar o amor.[5] O álcool tomou o lugar do consentimento de Sarah e a fez transar com pessoas com quem talvez não tivesse transado sóbria, só para evitar se sentir sozinha. Em vez de encontrar o amor, ela acordava com uma enorme ressaca, enrolada nos lençóis de outra pessoa e pensando: "Que raios estou fazendo aqui?".

Isso lhe soa remotamente familiar? Uma das tendências mais perturbadoras que observei na última década é o aumento do consumo excessivo de álcool. Em 2015, o NIAAA relatou que, dos 60% de universitários que bebiam,[6] dois de cada três consumiam álcool de forma excessiva. E, enquanto o consumo excessivo de álcool subiu apenas 4,9% entre os homens, a prática aumentou 17,5% entre as mulheres[7] entre 2005 e 2012.

Mesmo quando eu estava na faculdade, nos anos 1980, no Reino Unido, onde os hábitos de bebida são diferentes, não me lembro de uma única pessoa bebendo até cair. Não era algo em que você ouvia falar. Claro, isso se tornou uma grande questão lá, assim como no restante do mundo, embora a idade mínima estabelecida por lei para se beber no Reino Unido seja dezoito anos. Nos

Estados Unidos, você não pode comprar álcool até ter 21 anos, um dos muitos motivos pelos quais as jovens fazem um esquenta. Os esquentas são, por sua vez, um grande fator no aumento do consumo excessivo de bebidas, algo que aumenta o risco de uma garota ser agredida sexualmente, machucada ou parar na emergência. Segundo uma análise do *Washington Post*, em 2013 mais de 1 milhão de mulheres acabou no pronto-socorro por causa de bebedeiras. Impressionantemente, a taxa de mortes relacionadas ao álcool em mulheres brancas entre 35 e 54 anos[8] mais do que dobrou desde 1999.

Parte do motivo para o hábito de beber excessivamente ter se tornado uma epidemia entre as jovens é, na minha opinião, a pressão que as mulheres sentem para ser ativas sexualmente com pessoas que mal conhecem, ao mesmo tempo que desejam intimidade e conexão de verdade. Uma grande amiga minha e antiga reitora de uma faculdade só para mulheres concorda. Ela me contou que suas alunas admitiam ficar bêbadas de propósito antes de sair nos fins de semana. Quando ela lhes perguntou o motivo, a resposta geral foi: "Porque eu vou tirar a roupa na frente de um completo estranho e não quero ter que lidar com isso". Ela acrescenta: "Tudo está profundamente conectado ao tipo de sexo que elas esperam. Na minha geração, você usava álcool para ficar alegre e sensual, mas não para apagar, porque você queria se lembrar do que ia acontecer. Elas não querem lembrar, elas querem ficar livres logo".

Quando eu era editora da *Cosmopolitan*, publicamos diversas matérias falando sobre bebida em excesso e sua ligação com sexo nos campi universitários, onde taxistas compravam e forneciam cerveja e vodca barata para os menores de 21 anos. Conforme ouvíamos mais e mais mulheres contando suas experiências vazias e por vezes assustadoras, eu percebi que beber em excesso era a forma de as mulheres se automedicarem para lidar com as demandas sexuais dos homens — sem pressão para que qualquer uma das partes entrasse em contato no dia seguinte — e com a decepção por achar que as coisas deveriam ser mais divertidas do que realmente eram.

Acontece que o álcool funciona como um lubrificante social *e* sexual. "Ele realmente tem um efeito psicológico que pode ser interpretado como estimulação sexual em um nível leve a moderado", Wilsnack diz. "Mas, em grandes quantidades, você só fica anestesiada e não se sente excitada, ou qualquer outra coisa. É quando a agressão normalmente acontece."

Um estudo publicado no periódico *Archives of Sexual Behavior*, em 2016, descobriu que, embora as mulheres se sintam mais atraentes quando alegres,[9] a bebida também pode levá-las a escolher parceiros "atípicos". O mesmo estudo descobriu que o álcool fazia as mulheres se sentirem mais "aventureiras" em relação ao sexo e levava os homens a comportamentos "agressivos". Um homem entrevistado disse que "parece que você fica bem mais primitivo... um sentimento de que vai fazer qualquer coisa para ter o que quer".

Eu sei que não é politicamente correto te dizer para beber menos, mesmo assim, beba menos. Nós não estamos passando a mão na cabeça dos homens aqui — claro que eles não deveriam estar se aproveitando de você, ou de qualquer outra pessoa —, mas se você cambaleasse inesperadamente para o meio da estrada estando bêbada, seria mais provável que você fosse atropelada por um carro e que o motorista saísse impune mesmo que ele estivesse dirigindo de forma descuidada. Então, respeite seus limites e evite se colocar em risco. Não é empoderador para nenhum dos sexos beber até apagar. David Jernigan, Ph.D. e professor adjunto da Escola de Saúde Pública da Universidade Johns Hopkins Bloomberg e diretor do Centro para Estudo de Marketing do Álcool e Juventude, compara beber a andar em uma calçada congelada: "A calçada congelada não é a razão pela qual você vai cair, mas, se houver gelo na calçada, a queda se torna muito mais provável. O álcool não é o motivo da agressão sexual, mas, quando há álcool envolvido, a agressão sexual se torna muito mais provável."

Deixe eu repetir: isso não é um sinal verde para os homens se comportarem mal sem consequências. Mas, no final das contas, você precisa cuidar de si mesma.

O *Journal of Studies on Alcohol and Drugs* publicou um estudo que mostrou que 82% dos estudantes universitários[10] que fizeram sexo sem desejar estavam sob a influência do álcool. E outro estudo realizado pela Secretaria de Educação Superior da Virginia descobriu que 47% das mulheres com idade para estar na faculdade que foram estupradas[11] naquele estado acreditam que foram incapazes de resistir de forma eficiente como resultado do uso de álcool.

Conheça os números antes de sair por aí e encher a cara.

Isso também se refere diretamente às linhas confusas que formam os limites do consentimento. Durante o verão de 2016, eu estava em um carro em Midtown, em Manhattan, quando um anúncio surgiu na tela instalada na parte de trás do banco do motorista. No anúncio, Zoe Saldana dizia: "Tem uma coisa que eu dou para todo mundo com quem faço sexo". A ela se seguia meia dúzia de celebridades com rostos solenes, de Nina Dobrev a Josh Hutcherson, todos repetindo a palavra *consentimento*.

Tudo em que eu pensei foi: "Como chegamos ao ponto em que o consentimento precisa de uma campanha publicitária?".

Talvez seja porque o discurso dominante a respeito de sexo não seja mais sobre amor ou a busca por um parceiro para uma relação de longo prazo, mas sobre estupro e agressão. Sexo não é mais a experiência fantástica e deliciosa que inspirou milhões de filmes, romances, poemas e pinturas. É algo violento e assustador. É bêbado e nebuloso. Seja porque estamos falando de Brock Turner, o nadador de Stanford condenado pelo estupro de uma mulher inconsciente de 23 anos depois de uma festa, ou da série *Law & Order: Special Victims Unit,* em que cada episódio é baseado em um caso horrendo de agressão sexual.

E temos as muitas representações do álcool em telas grandes e pequenas, algo que eu não posso evitar pensar que influencia nossa atitude a respeito do papel da bebida em nossas vidas. Pegue aquela cena em *Descompensada* em que Amy Schumer está ao telefone com sua amiga Nikki numa certa manhã logo depois de ter dormido no apartamento de um médico, interpretado por Bill Hader, por quem ela tem uma queda.

AMY: Eu dormi na casa do médico a noite passada.
NIKKI: Você nunca passa a noite. Você apagou de bêbada?
AMY: Não, eu bebi tipo dois drinques... três, no máximo... quatro, agora que estou contando.
NIKKI: Porque você está tomando antibióticos ou algo assim?
AMY: Ah meu deus, ele está me ligando.
NIKKI: Por que ele ligaria? Vocês acabaram de transar.
AMY [atendendo o telefone]: Aqui é Amy. Acho que você me ligou sem querer, sentou no telefone ou algo do tipo.
AARON: Não, eu disquei com os meus dedos.
AMY [para Nikki]: Ele me ligou de propósito.
NIKKI: Desligue! Ele obviamente é doido ou algo assim.
AARON: Eu liguei para dizer que me diverti muito na noite passada e estava pensando se você queria, hum, sair de novo.
NIKKI: Eu vou chamar a polícia.

Há pouco ou nenhum indício na nossa cultura popular contemporânea de que o sexo pode ser fabuloso, divertido, melhorar sua vida — ou que ele pode levar ao amor. A única diversão que as mulheres no filme têm com sexo parece ser rindo dele depois com as amigas, enquanto compartilham suas próprias experiências dignas de Amy Schumer. Com frequência há álcool envolvido nessas cenas, e todo mundo está rindo sempre que o álcool surge na tela. Pense em *Missão madrinha de casamento*, quando Kristen Wiig fica muito bêbada no avião e todas nós achamos aquilo hilário. Ou Rita Wilson e Ali Wentworth conversando sobre suas vaginas fechadas enquanto bebem Chardonnay em *Simplesmente complicado*.

A esta altura, vinho branco se tornou um símbolo da conexão feminina, tanto na tela quanto na vida real. Quando foi a última vez que você foi a um evento sem álcool? Seja um clube do livro (Sauvignon Blanc), um chá de bebê (Prosecco), uma noite das garotas (margaritas ou manhattans, depende da estação). Isso sem falar em todos os casamentos, aniversários, ou qualquer outra desculpa para estourar um champanhe e ficar alta. Beber é uma forma de mostrar que você gosta de se divertir e deixar as coisas acontecerem. E ficar bêbada é uma forma de reforçar para o mundo que você está se divertindo — mesmo quando não está.

Em outra cena de *Descompensada,* a personagem de Amy Schumer engole vinho Bandit de caixa, também chamado de "porre encaixotado". A Trincheiro Family Estates, produtora do vinho, viu uma oportunidade e promoveu essa cena nas redes sociais, o que levou muitas garotas a postar fotos delas mesmas entornando Bandit. Esse é um território nebuloso, já que foi considerado que a campanha ia contra as regras da publicidade de álcool[12] — o Conselho de Destilados dos Estados Unidos, um dos maiores grupos comerciais do país, rejeita anúncios que "sugiram de alguma maneira que estar embriagado seja um comportamento socialmente aceitável". As juntas comerciais do vinho e da cerveja possuem regras similares, mas elas são fáceis de ser quebradas e, segundo Jernigan, não há muita fiscalização. E as mulheres são o público-alvo: pense na vodca Skinnygirl ("Garota magra", que, ironicamente, tem mais ou menos a mesma quantidade de calorias que uma vodca normal!) ou o Mommy's Time Out ["Descanso da mamãe"], um vinho que vem nas variedades tinto, branco e rosé.

A Urban Outfitters vende uma taça de vinho grande o suficiente para comportar uma garrafa inteira, estampada com a frase: "Beba até que seus sonhos virem realidade".

Essas mensagens chegam cedo e causam impacto. "85% de todas as pessoas que bebem[13] nos Estados Unidos começaram a beber antes dos 21 anos", diz Jernigan. Durante décadas, a cerveja era a escolha preferida dos adolescentes, mas isso mudou recentemente. "A Bud Light ainda é a número um, mas *alcopops* — bebidas doces e de sabor agradável como Smirnoff Ice e Mike's Hard Lemonade, por exemplo — são os números dois e três", afirma. "São doces, gasosas, com cores vibrantes e foram vendidos pela indústria para os bebedores iniciantes, que não apreciam o gosto do álcool." A partir disso, a continuidade natural é da vodca Skinnygirl, quando você tem vinte anos e conta calorias, para o "Descanso da Mamãe", o vinho dos seus trinta. "*Sex and the City* foi um verdadeiro ponto de virada: raramente aquelas mulheres eram vistas sem um coquetel", lembra Jernigan. "Vemos mais cenas de bebida por hora hoje em dia do que jamais vimos na história do entretenimento."

Beber em excesso, como já foi dito, é um comportamento crescente, especialmente entre as mulheres. Entre 2005 e 2012[14] as taxas para mulheres cresceram em 17,5%, enquanto para homens apenas 4,9%, diz Jernigan. Esse não é um ponto em que queremos igualdade entre os gêneros. A ironia, e o risco, é que, apesar de as mulheres ficarem bêbadas mais facilmente que os homens, elas também têm uma tendência maior a sofrer atrofia cerebral, doenças coronárias e danos no fígado por conta do consumo excessivo de álcool, de acordo com o Centro para Controle e Prevenção de Doenças. "Mulheres que bebem também têm um risco aumentado de câncer de mama", completa Jernigan. "Mulheres correm um risco maior de sofrer danos no fígado, cérebro ou coração do que homens que bebem em quantidades comparáveis. Há também uma ligação entre o álcool, que é um depressor, e depressão e transtorno de ansiedade. Em mulheres que possuem alguma das duas doenças, beber irá apenas exacerbá-las. Adolescentes do sexo feminino têm duas vezes mais chances de serem deprimidas do que os garotos. E há uma forte ligação entre depressão e abuso de substâncias em garotas mais que em garotos."[15]

Ainda assim, na TV e nos filmes, mulheres normalmente são retratadas como divertidas quando ficam bêbadas, nunca patéticas ou vomitando. Mesmo quando aparecem assim nas telas, de alguma forma ainda são divertidas.

Na vida real, o que começa divertido pode logo se tornar patético e assustador. Lena Dunham é um(a) do(a)s pouco(a)s roteiristas/diretore(a)s que abordam o álcool de forma realista. Na última temporada de *Girls*, Hannah, a personagem de Dunham, fica tão bêbada que acaba dormindo com o instrutor de surfe sobre quem ela deveria escrever um artigo para uma revista e então vomita ao lado da cama dele. Enquanto Amy Schumer faz beber parecer engraçado e, na teoria, empoderador, Dunham mostra o lado negro, a tristeza solitária da garota bêbada. A bebida permite a ela avançar na intimidade com o cara interpretado por Riz Ahmed — eles passam o fim de semana juntos e ela começa a se apaixonar por ele, quando está claro que tudo que ele quer é sexo vigoroso e fácil. Quando ela menciona alugar uma casa nessa cidade de praia para trabalhar em sua escrita, o subtexto está claro: ela quer passar mais tempo com ele. Então, quando ele diz: "Ah, isso é ótimo! Você pode conhecer minha namorada!", a decepção dela é dolorosa de se observar.

O álcool te faz passar batido pelos estágios desconfortáveis de conhecer alguém, algo que você pensa que não precisa, quando na verdade é exatamente o contrário. Esses estágios te protegem e te permitem notar coisas que você pode deixar passar estando alta. O álcool bloqueia os potenciais sinais de alerta.

Sarah Hepola relata: "Com 32 anos, eu era aquela pessoa que fazia piadas sobre transar com um cara e nem me lembrar do nome dele, dizendo que isso não era grande coisa. Não acho que eu estava por aí só querendo ter essas experiências sexuais. Eu penso que queria que cada uma delas virasse algo mais. Eu queria um amor profundo e estável com alguém. Mas, na falta disso, era, tipo, isso serve."

E, enquanto procurava por um relacionamento, Sarah se pôs em perigo. Embora não se lembre dos detalhes, ela se lembra dos hematomas na manhã seguinte. "Eu passei uma boa parte dos meus vinte anos me culpando por isso, pensando 'por que eu fui tão idiota?'. Mas, na verdade, se você pensar em como o álcool funciona, não é que você seja idiota. É que você estava bêbada."

Sóbria desde os 35 anos, Sarah, agora com 42, continua solteira e é um bom exemplo da complicada combinação entre amor e álcool. O problema dos encontros, ela explica, é a suposição de que as mulheres naturalmente vão encontrar o amor. "A gente espera que isso simplesmente aconteça", diz ela. Então, quando não rola, a bebida passa a falsa esperança de que, mesmo assim, você pode chegar lá. "O álcool me deu a sensação de confiança que eu tanto queria, a impressão de estar confortável com o meu corpo, e uma desinibição que era reconfortante para mim. Beber abria as portas para os meus objetivos. Só que, quando eu ficava bêbada, esses objetivos mudavam."

A bebida acelera a familiaridade, algo encorajado por nossa cultura, em que tudo é acelerado. Você pode entrar no Tinder e ir a um encontro com alguém em menos de duas horas. O mais provável é que vocês se encontrem num bar, bebam alguma coisa, o que te faz se livrar de suas inibições, então você bebe para se transformar na pessoa esperta e engraçadinha que criou na internet. Você também quer que todas as suas hesitações deem um passo para trás, porque, se você negar sexo no primeiro encontro, está sendo puritana. Então você bebe para afastar essa preocupação também, sem perceber que beber ao mesmo tempo está afastando sua capacidade de ouvir o alarme caso essa não seja uma boa situação. Sarah teve mais transas casuais do que consegue se lembrar. "Isso faz você se sentir bem na hora. E terrível depois." Como fast-food.

Estar sóbria finalmente a fez entender o que é atração de verdade. "Uma das maiores revelações para mim foi 'Ah, é isso que é química'. Você pode dizer quando essa é a pessoa certa para estar com você. Antes, eu bebia até chegar nesse lugar." Para universitárias em particular, o álcool se tornou central na experiência sexual. "Ele é visto como o caminho para as ficadas e uma preliminar necessária", diz Sarah.

A cultura em volta de esquentas, beber de estômago vazio, colocar absorventes internos embebidos em vodca e virar doses é um fator que aumenta o risco de apagar. Nós ensinamos mulheres a cobrirem suas bebidas para que ninguém coloque nada nelas, mas não que as bebidas que elas mesmas compram são perigosas. Além dos vários riscos já mencionados, as mulheres têm mais tendência que os homens a apagar, que é quando seu cérebro desliga porque você bebeu demais. "Beber tem vindo junto a essas mensagens de empoderamento", diz Sarah. "Mas beber até apagar significa que você perdeu o seu poder, além do equilíbrio e da capacidade de julgamento. E então sua memória começa a desligar. É essa a mensagem que precisa ser desfeita. Para homens e mulheres."

Especialmente porque mal conseguimos passar uma semana sem ler alguma história de terror que envolva álcool e violência sexual. É difícil imaginar uma história mais perturbadora que a de Marina Lonina, que transmitiu o estupro da amiga no Periscope. Em seu testemunho, Lonina primeiro afirmou que pegou o celular para filmar como evidência, mas logo perdeu a cabeça devido ao número de *likes* que o vídeo teve. Tanto ela quanto a vítima estavam bebendo. Os jornais relataram que a vítima estava "bastante alcoolizada". O estuprador, alguém que as duas garotas conheciam bem, estava bebendo com elas. Ele foi condenado a nove anos de prisão[16] e Lonina a nove meses por "obstrução de justiça", e a amiga dela[17] passou a integrar o grupo de uma em cada quatro mulheres que são agredidas sexualmente por ano.

A noite teria acabado diferente sem álcool?

Então, como chegamos aqui e como garantimos às pessoas que uma vida sexual sadia pode ser conquistada sem enormes quantidades de álcool? E como lembramos que um orgasmo irá te ajudar a dormir muito melhor do que qualquer Zolpidem? E, acima de tudo, que uma boa vida sexual é de graça? Precisamos entender melhor as vantagens de uma boa vida sexual e de um mapa para encontrar alguém em quem você confie o suficiente para compartilhar essa vida. Sabemos que na era do Tinder, Hinge e Happn encontrar alguém para transar não é a questão. Como alguém na equipe da *Cosmo* me garantiu um dia quando veio entregar uns textos: ninguém mais tem problemas para transar. Encontrar compromisso é que é o desafio, e fazer bom sexo — do tipo que não te deixa precisando de um banho quente e pensando se deveria chamar a polícia —, isso é difícil.

Então, pegue seu diário e comece a anotar o seu consumo de álcool:

Com que frequência você bebe?

Quantos copos por noite? Por semana?

Por que você bebe?

Algo ruim já aconteceu com você como resultado de bebida?

Se você já foi assediada, havia álcool envolvido?

Analise sua bebedeira. E então faça uma "vistoria etílica" de seus amigos:

De seus amigos, quem bebe mais? Você bebe mais com essa pessoa? Há algo no comportamento dela que te deixa desconfortável?

Quem bebe menos?

Eu não estou dizendo para não beber. Entendo a confiança que o álcool dá, é por isso que todos nós amamos o álcool. É divertido, te dá uma ótima onda, todo mundo está bebendo, mas conheça seus limites.

Qual o seu? São três taças de vinho ao longo de um jantar? Ou dois martínis durante um happy hour? Note os sinais antes de se levantar e perceber que não consegue andar ou pensar direito. Se você não pode contar que suas amigas vão te fazer parar quando já bebeu o suficiente, então você precisa ser responsável por si mesma.

Plano de Ação

É simples: beba e se divirta, mas não fique bêbada. Mais de três taças de vinho em uma hora é considerado um excesso.

Ou aqui vai uma ideia radical: tente o SS — sexo sóbria. Um estudo publicado no *Journal of Sex Research* mostrou que, como o álcool é um depressor, durante o ato, ele pode na verdade anestesiar a resposta sexual tanto em mulheres quanto em homens. Ou seja, seus melhores orgasmos acontecem quando você está sóbria.

Regra #9
Ficadas são como batatas fritas.

É HORA DE SUBIR na balança do sexo. Ela pode te dizer o que está fora do lugar.

De várias maneiras, sua vida sexual é uma das partes mais importantes dessa dieta. Isso por causa de todas as emoções envolvidas. É decepcionante fazer sexo ruim com uma pessoa boa, é confuso fazer bom sexo com uma pessoa ruim e deprimente fazer sexo ruim com uma pessoa ruim. Ficadas são como batatas fritas: deliciosas na hora, mas frequentemente causam remorso.

O objetivo é fazer bom sexo com uma boa pessoa. Então vamos começar analisando sua própria história sexual. Pegue o diário e responda às seguintes questões:

Qual foi a última vez que você fez um bom sexo?

Com quem foi?

Quais foram as circunstâncias?

Você teve um orgasmo? Você viu a pessoa de novo?

Agora, relembre seu histórico de encontros sexuais.

Você já fez sexo casual? Com que frequência?

Você faz sexo para descobrir se gosta de alguém?

Você faz sexo bêbada? Com que frequência?

Você tem orgasmos regularmente?

Eu sei que algumas dessas perguntas são intensas, assim logo de cara, mas apesar de todo o alarde e as análises culturais que cercam a cultura das ficadas, persiste a ilusão de que sexo é uma coisa casual. Que não é nada de mais. Que todo mundo está fazendo, o tempo todo. Nada disso é verdade. Na realidade, um estudo de 2016 publicado no periódico *Archives of Sexual Behaviour* descobriu que os *millennials* têm o dobro de chance[1] de ser inativos sexualmente do que aqueles que pertencem à Geração X.

Gail Dines, pesquisadora do Wheelock College que viaja por campi universitários para falar sobre o impacto da pornografia nos relacionamentos, diz que suas alunas costumam mencionar uma "ressaca emocional" depois do sexo casual.

Uma das razões dadas pelo estudo foi o foco na educação e carreira. Outra é toda a confusão e ansiedade em torno de consentimento. Gail Dines, pesquisadora do Wheelock College que viaja por campi universitários para falar sobre o impacto da pornografia nos relacionamentos, diz que suas alunas costumam mencionar uma "ressaca emocional" depois do sexo casual. "As alunas com quem converso dizem que raramente têm orgasmos no sexo casual", Dines diz. "Então, eu pergunto: por que se dar ao trabalho?"

Sexo é tão confuso para tantas mulheres, especialmente aquelas em seu auge sexual, os vinte e poucos anos, período que, como discutimos antes, coincide com o enorme esforço emocional de embarcar numa carreira. "A pressão sobre as mulheres para serem bem-sucedidas complica as coisas", explica o terapeuta sexual nova-iorquino Logan Levkoff. "Faz parecer que ter um relacionamento emocionalmente íntimo toma tanto tempo que é preciso adiá-lo até que nossas vidas estejam organizadas."

Relacionamentos de fato consomem tempo e energia, mas ficar também. "O sexo casual nem sempre é casual", diz Helen Fisher. "Ele pode ser o gatilho para uma série de sentimentos poderosos,[2] já que toda estimulação genital pode causar um aumento de dopamina e toda estimulação tátil pode causar um aumento de oxitocina." Ambos levam a romance e apego emocional, e Fisher se pergunta se as pessoas "ficam" para inconscientemente causar essas sensações.

Como tudo nesta Dieta do Amor, eu defendo uma consciência extrema quando se trata de sexo. Beliscar distraidamente traz calorias vazias e quilos indesejados. Da mesma forma, parafraseando de leve Gwyneth Paltrow, sexo inconsciente também pode pesar e entrar no caminho de nossos objetivos amorosos. Então, antes de ir para cama com alguém novo, pare por um momento e reflita honestamente sobre suas expectativas.

Se você quer ficar só pela diversão, se é libertador e você não precisa de nada mais profundo, ótimo.

Se o seu objetivo é vê-lo de novo, e você acha que esse é o objetivo dele também, o sexo marca o começo desse relacionamento mútuo, e isso também é excitante.

Mas se sua esperança é que o sexo possa levar ao começo de algo, mas não tem certeza, então você deve considerar a possibilidade de ficar decepcionada se ele não te mandar uma mensagem até a próxima vez que quiser uma trepada.

Antes de ir para cama com alguém novo, pare um momento e reflita honestamente sobre suas expectativas.

Quaisquer que sejam seus objetivos, uma vez que há sexo envolvido, aperte os cintos e se prepare para a turbulência emocional.

Eu não quero fazer parecer que todas as ficadas são ruins. Claro que não são, e de fato podem levar a algo maior. "Frequentemente pensamos no sexo casual como sendo algo que os homens querem e as mulheres aceitam", diz Justin Garcia, autor de um estudo publicado em *Sexual Hookup Culture: A Review*. Sua pesquisa mostrou que 63% dos homens que fazem sexo casual dizem que prefeririam um relacionamento romântico. "Muitos homens pensam que devem sair ficando com várias mulheres por aí", ele diz. "Mas eles também querem um relacionamento[3] de verdade." Garcia também descobriu, em um estudo colaborativo que fez com Helen Fischer para o Match.com, que uma a cada três pessoas entrevistadas tinha tido um encontro sexual que se transformou em um relacionamento romântico. E para desmontar mais ainda o mito de que homens só querem sexo sem compromisso, Garcia cita outro estudo que ele realizou sobre o carinho: "Mais de 50% dos homens e mulheres querem passar a noite com alguém e fazerem carinho depois do sexo", conta. "Essas não são as regras culturais do sexo casual sem compromisso."

Os dados, ele diz, o levam a acreditar que algumas pessoas estão buscando — e alcançando — alguns aspectos da intimidade no sexo casual. E ele argumenta que uma ficada, ou fazer sexo no início de um relacionamento, é uma boa forma de calibrar sua atração sexual pela pessoa, que pode mudar durante o sexo.

"Você evoca todos os sentidos quando faz sexo com alguém",[4] diz Ian Kerner, Ph.D., psicoterapeuta, terapeuta sexual e autor de *She Comes First* ["Ela vem primeiro", trocadilho com a palavra *come* que significa tanto *vir* quanto *gozar*] e a continuação *He Comes Next* [Ele vem depois]. "Então, você recebe toda essa informação biológica a respeito dessa pessoa, e seu próprio corpo lhe dá, por sua vez, uma resposta biológica. Você gosta do cheiro? Do gosto? Do tato? Você se sente segura? Você teve um orgasmo?" Todas essas importantes informações são exploradas durante um encontro sexual. "Você aprende muito sobre a pessoa", concorda Fisher. "Você sabe instantaneamente se aquilo vai para a frente — se ele não te liga no dia seguinte, você sabe que não vai funcionar. E é melhor do que passar oito meses conversando com a pessoa para então transar e perceber que não vai funcionar."

Por "funcionar", Fisher quer dizer: essa é uma pessoa com quem você pode explorar sua sexualidade? Com quem você consegue se imaginar sendo verdadeiramente íntima? É isso que o bom sexo é.

Intimidade é o ingrediente-chave. É a batata-doce orgânica assada, que leva tempo para encontrar e preparar. "As pessoas desejam intimidade", diz Kerner, que também usa a frase "prazer é a medida" para definir qualquer relacionamento saudável. "Sem ele, você acaba com uma vida sexual um tanto desidratada ou ressecada", explica. "O prazer é a caloria fundamental que você quer consumir o máximo possível."

Por prazer, ele está se referindo à excitante e, esperamos, fabulosa sensação causada pelo bom sexo, e que é um dos vários ingredientes básicos de qualquer relacionamento saudável e duradouro. Sexo casual pode ser um pouco de tudo. Um estudo conduzido por Paula England, Ph.D. e professora de sociologia da New York University, chamado *Contabilizando orgasmos femininos e prazer sexual em relacionamentos e "ficadas" universitárias*, descobriu que 11% das mulheres tinham orgasmos ao fazer sexo casual com alguém pela primeira vez. Esse número crescia para 16%[5] em uma segunda ou terceira transa com o mesmo parceiro.

Quando comecei na *Cosmo*, já casada e com dois filhos, fiquei espantada com quantas mulheres dependiam da revista para sua educação sexual básica. A pergunta que mais recebíamos das leitoras, depois de como negociar um aumento, era: "Como eu chego a um orgasmo?". Nos Estados Unidos, essa aula não está em nenhum currículo de Educação Sexual, seja no ensino fundamental ou médio. Foi por isso que dedicamos um episódio inteiro da *The Bold Type* — a série inspirada pela minha experiência na *Cosmo* — a isso, no qual uma escritora precisa escrever uma matéria sobre orgasmos e descobre que nunca teve um. "A raiz do problema é que ninguém ensina as garotas sobre prazer no contexto da educação sexual", diz Marina Khidekel, criadora da *newsletter Undrrated* e hoje editora da *Women's Health*, que editou a seção de amor e sexo da *Cosmo* de forma brilhante por quatro anos. "É realmente uma questão de mecânica. Onde cada coisa deve se encaixar. Você aprende sobre esperma, óvulos e camisinhas. Você também aprende como evitar uma DST. Mas então você é deixada sozinha para descobrir todo o resto." Então, dedicamos várias páginas para explicar exatamente isso: como se masturbar, fantasiar, ter orgasmos e muito mais. E nós fizemos isso pelo bem de ambos os sexos. "Sempre que havia uma matéria sobre boquetes", Khidekel diz, "havia outra sobre sexo oral em mulheres também."

O objetivo era levar as mulheres a entenderem seus corpos, o que as excita e o que lhes dá prazer. Ainda assim, as estatísticas, e as experiências de muitas leitoras, sugerem que o sexo ainda é, com frequência, decepcionante e alienante. Há uma grande desconexão, que uma comunicação clara pode consertar. "Todos nós queremos ser ótimos amantes, mas não temos a linguagem que impede as pessoas de ficarem vulneráveis, desconfortáveis e inseguras em relação a elas mesmas", Levkoff diz. Tiramos a roupa, às vezes para completos estranhos, mas não dizemos a eles o que queremos na cama. Claro que é desconfortável! E pode ser humilhante e assustador, além de delicioso e incrível. A única maneira de resolver isso é falar com a outra pessoa, o que é ainda mais desconfortável quando você não a conhece. "Em vez de lidar com esses impasses desconfortáveis, nós passamos correndo por eles", diz Levkoff. Do ponto de vista feminino, isso quase sempre acaba num falso orgasmo — um jeito de apressar o fim de uma experiência decepcionante. Mas qual é o objetivo de fingir estar se divertindo? Ninguém ganha nesse jogo. "Há algo poderoso em reconhecer esse lugar incômodo e dizer: 'Olha, eu fico meio sem jeito de dizer isso, mas eu gosto quando você faz assim…'", Levkoff explica. "Se você não disser o que te excita, então você jamais terá a oportunidade de conseguir o que quer."

Também precisamos nos livrar do que Khidekel chama de a "disneyficação" do parceiro perfeito: alguém que vai saber intuitivamente o que nos dá tesão. "Esse sentimento de que, quando o cara certo aparecer, ele vai simplesmente saber como me dar prazer", ela diz. "Deixar isso nas mãos do parceiro — sem nem mesmo saber como explorar primeiro o próprio corpo e o que lhe dá prazer —, hoje em dia, quando mulheres são tão empoderadas em outras áreas da vida, me choca."

Antes de começar a instruir seu parceiro sobre suas preferências, você precisa se conhecer.

Homens têm seu primeiro orgasmo entre catorze e dezesseis anos. Para mulheres, o espectro é gigante. "Algumas mulheres podem ter seu primeiro orgasmo acidental nessa idade, simplesmente ao se esfregar em um amigo", Kerner diz. "Mas a maioria diz: 'Ah, eu não tive meu primeiro orgasmo de verdade até fazer 20, 25, ou mesmo depois'."

Descobrir o que nos excita ou brocha é uma nutrição básica para todo tipo de pessoa. Então, em vez de pegar seu diário, prepare um banho, ou vá para a cama, ou deite no sofá e experimente para se conhecer. Embora Levkoff seja fã de vibradores e outros brinquedinhos, ela acha importante começar com as próprias mãos. "Se pergunte: 'Você está confortável com o seu corpo o suficiente para se tocar?' Se não, há questões maiores de autoestima envolvidas aí."

Explorar o próprio corpo é a única forma de descobrir o que te dá prazer. E essa é a chave para chegar ao clímax. "Conseguir experimentar o prazer é muito importante para poder experimentar o desejo", diz Kerner. "Essa é a chave para experiências sexuais significativas que resultem, espera-se, em recompensa e orgasmos, te deixem se sentindo conectada, amada e cuidada pelo seu parceiro e também te façam querer fazer mais sexo."

Essa é a parte do exercício na sua Dieta do Amor, similar a fazer agachamentos, abdominais ou pranchas (só que bem mais divertido). Acrescente a essa série a "excitação psicossomática", que Kerner define como a habilidade de "fantasiar e criar cenários eróticos e excitantes, estar aberta a estímulos eróticos — que podem incluir literatura ou filmes eróticos". Kerner e Levkoff são fãs do que chamam de "pornô ético" (veja a Regra #10). "A fantasia aumenta seu nível de excitação, que pode se tornar maior que a ansiedade que muitas mulheres sentem em relação ao sexo",

Kerner explica. "Então, para uma mulher que está preocupada com 'como está seu corpo ou se as *roommates* vão abrir a porta, conseguir fantasiar vai ajudar bastante na hora de gerar excitação e diminuir o volume de todo esse barulho mental."

Saber como estimular a si mesma é o primeiro passo para o prazer. "Diferente do desejo masculino, para as mulheres, o prazer precede o desejo", Kerner acrescenta. "Um cara pode ter um pensamento sexual ao ver ou se lembrar de algo sexy, e isso pode causar excitação. O nome disso é desejo espontâneo." Esse conhecimento ajuda a controlar o resultado também, porque é muito mais fácil para um cara se excitar que para uma mulher. Não tem a ver com como agradar seu homem na cama, mas com como aproveitar ao máximo o fato de que é provável que ele fique excitado mais rápido que você. Nesse quesito, não damos aos homens o crédito que merecem: a maioria realmente quer te agradar durante o sexo. Mas como eles vão saber o que é preciso para isso se você não lhes disser? "Eles não têm interesse em alguém que finja", Levkoff ressalta. "Eles querem aprender e têm tanta dificuldade para perguntar quanto nós temos para pedir."

Se você tem vergonha demais de dizer "Eu adoraria se você fizesse isso", então simplesmente mostre. "Mova a mão dele pelo seu corpo", explica Levkoff. A maneira como ele responder a esse movimento é um bom teste de qualidade. Se não der atenção, não vale a pena ficar com ele, para começo de conversa. Por que perder seu tempo?

Então, antes de transar com quem quer que seja, se pergunte algumas coisas:

Por que você está transando com essa pessoa em particular?

Você só quer fazer sexo?

Você está transando com esse cara porque quer que ele goste de você e pensa que o sexo vai garantir isso?

Você acha que vai ser uma boa experiência?

Uma vez que você identificar suas expectativas, sugiro outra freada (e potencial brochada) com mais algumas perguntas:

Qual é o ganho potencial?

E a perda?

A equação vale a pena?

Se essa pessoa passou pelos primeiros obstáculos — e talvez vocês já estejam se agarrando sem roupa —, é aqui que você pode procurar sinais importantes:

Ele faz você se sentir segura e confortável?

Ele é sensível aos limites do consentimento?

Vocês podem falar sobre proteção?

P.S.: Sexo seguro é um pré-requisito para a experiência do prazer. Como Kerner diz: "Poucas mulheres que fazem sexo sem proteção sentem prazer, porque elas sentem algum nível de ansiedade em relação ao que estão fazendo".

Se sentindo segura, você pode ir mais adiante. Diga a ele o que é bom ou do que você gosta. E você quer fazê-lo se sentir bem também, não?

"Eu buscaria a possibilidade de dizer a um parceiro: 'Ah, isso dói um pouco', ou 'um pouco mais de leve', ou 'um pouco mais devagar, por favor' e sentir que há uma resposta", diz Kerner. Se não há essa possibilidade, e você está ficando preocupada, seu corpo acabará passando do modo prazer para um estado de alerta. "O corpo sempre está analisando o ambiente para se sentir seguro e confortável", explica Garcia. "Se você se sente segura, está se divertindo e não tem medo, você vai por um determinado caminho biológico. Se está em um estado de congelamento, em vez de um estado de mobilidade, divertido e seguro, você tem uma resposta biológica diferente."

O objetivo é sempre que o sexo seja gloriosamente divertido, mas, dadas as estatísticas de preliminares se tornando agressão sexual, você precisa planejar antes como sair dessa se as coisas ficarem desconfortáveis.

Como Steve Kardian sugeriu na Regra #5, é ok se armar de desculpas. Finja que você está se sentindo enjoada subitamente (poucas pessoas gostam de vômito em cima delas) ou que você precisa ir ao banheiro. Não hesite em dizer que você tem uma DST. Especialmente se você nunca mais quiser vê-lo de novo. Diga que acabou de ficar menstruada. Diga o que for preciso para sair da situação em segurança.

Infelizmente, sabemos que isso não é suficiente para parar certos homens. Eu queria que houvesse uma maneira infalível de adivinhar quem quer te machucar. Ou aqueles que não vão te respeitar. Pense em toda a dor que poderíamos evitar se existisse um teste desses. Há sinais (e nós os detalharemos na Regra #11), mas o melhor lugar para descobrir se um parceiro vale a pena é na cama. Ele realmente se importa com você? Você pode confiar nele? Só assim ele ou ela pode te dar prazer.

LISTA DE TAREFAS

"É muito difícil para as mulheres conhecerem seu eu sexual", diz Wednesday Martin, Ph.D., autora de um livro sobre infidelidade feminina[6] chamado *Untrue: Why Nearly Everything We Believe About Women, Lust, and Infidelity Is Wrong and How the New Science Can Set Us Free* [Falso: Por que quase tudo que sabemos sobre mulheres, desejo e infidelidade está errado e como a ciência pode nos libertar]. "Há muito ruído de fundo, bagunça e interferência. Procure se empoderar."

Em resumo, descubra o que te excita. Use sua mão, um vibrador, o secador na velocidade alta, o que funcionar. Uma vez que você sabe o que te anima, pratique ter essa conversa com você mesma, para que possa ser mais articulada com parceiros em potencial. Já que estamos aqui, vamos também desmontar o mito de que mulheres não são tão sexuais quanto homens. Um estudo de 2014[7] publicado no periódico *Current Sexual Health Reports* mostrou que mulheres gostam de sexo tanto quanto homens. Martin descreve as mulheres como "onívoras" quando se trata de sexo: "Elas querem variedade e novidade. Nossa sexualidade é o lugar onde mais fomos condicionadas a acreditar que deveríamos agir de uma certa maneira e é onde mais precisamos impor nossa autonomia."

Saber que você é um ser sexual e em seguida explorar o que isso significa para você especificamente é o primeiro passo para encontrar o verdadeiro prazer. Então poder compartilhar esse autoconhecimento com um parceiro significa que ele ou ela pode se tornar uma parte integral da experiência. É isso que queremos aqui!

ESTUDOS DE CASO

Sara,* 21 anos, sobre namorar majoritariamente homens, mas aprender sobre o verdadeiro prazer com uma mulher.

Sara se identifica como *queer*. "Eu namoro majoritariamente homens, mas já tive namoradas também", diz a garota, que está no último ano da faculdade. "Eu gosto da abertura desse rótulo." Ela também é filha de quatro mães: sua mãe biológica estava em um relacionamento sério com uma mulher quando Sara nasceu. Elas se separaram dois anos depois que o irmão dela nasceu e desde então cada uma achou novas parceiras, por isso ela tem duas mães e duas madrastas. "Crescer em uma família tão aberta me permitiu entender a fluidez sexual como algo normal", ela explica. "Embora eu tenha demorado até a faculdade para realmente mergulhar na minha identidade *queer*, eu tive a sorte de nunca me sentir confinada pelas pressões heteronormativas."

Ela cresceu no Brooklyn, onde ser a filha negra de quatro mães não chamava tanta atenção quanto na pequena faculdade ao norte de Nova York onde ela estudou. Na época, Sara ainda estava envolvida com seu namorado do ensino médio. "No primeiro ano, eu estava fora do jogo", diz ela. "Era um relacionamento a distância, então eu não ficava com caras, mas acabei ficando com a minha melhor amiga." Ela disse que acontecia com frequência, e sempre havia álcool envolvido, mas nunca foi além de beijos. O namorado dela sabia, ela acrescenta, mas não ligava "porque era uma garota".

Ainda assim, Sara sentia certa curiosidade ao ver todas as suas amigas usando o Tinder. Então, quando ela e o namorado terminaram, ela baixou o *app* para ver o que estava perdendo. "Quando eu tive *matches*, foi uma injeção de confiança", conta. "Mas eu não me sentia segura para conhecer essas pessoas ou eu dava uma busca nas redes sociais e eles não se pareciam nada com a foto do Tinder." Ela ficou com um cara de quem realmente gostou. Ia mandar uma mensagem para ele no dia seguinte para dizer isso, mas suas amigas aconselharam a não fazê-lo. "Eu aprendi que havia regras para navegar nessa cultura de pegação", ela diz. "Se você falar o que sente cedo demais, então eles te veem como grudenta. Minha amiga aconselhou que era melhor manter uma certa distância, o que é difícil para mim. Eu sou direta, uma pessoa intuitiva. Isso foi frustrante."

No fim, ela decidiu que não estava perdendo nada. "Todo o processo parecia desumanizante para mim", diz Sara. Então, ela viu um vídeo on-line que dizia que mulheres negras têm a menor taxa de sucesso no flerte virtual. Não ficou surpresa. "Há um monte de fetichização por aí, como também acontece com mulheres asiáticas." Mas, no fim, Sara simplesmente se sentiu desestimulada ao se dar conta de como o namoro on-line parecia uma negociação. "Realmente parece que as pessoas só estão interessadas no sexo", diz ela.

Sara queria que, se fosse para fazer sexo, que fosse bom. "O sexo com meu namorado era ótimo, mas ele teve que aprender sobre meu corpo", conta. "Isso leva tempo." As poucas vezes que ficou com alguém foi mais como "um monte de desencontros", ela acrescenta. Sexo oral com caras aleatórios, segundo Sara, é a pior coisa. "Por que eles precisam enfiar o pênis deles na minha boca?", pergunta. "Especialmente se eles não vão me chupar?"

Então Sara começou a sair com uma amiga que também tinha estado em um relacionamento longo com um cara. "Eu achei que nós só estávamos nos tornando boas amigas. E então uma noite ela me beijou", lembra Sara. "Eu fiquei, tipo, 'hmmm, o que é isso?'." O que começou devagar se tornou um verdadeiro romance. "O relacionamento começou com o fato de nós nos conhecermos bem antes mesmo de nos beijarmos", ela diz. "O oposto da cultura da pegação!"

O outro lado bom desse relacionamento foi que ela aprendeu o que lhe dava prazer. "Eu acredito que garotas deveriam ter orgasmos toda vez que transam. Quando eu tinha um namorado, o sexo acabava quando ele terminava." Os orgasmos de Sara não eram prioridade. Mas então ela começou a transar com outras mulheres — e agora eles são. "Toda vez que ficava com uma garota, eu gozava", ela diz.

Como resultado, Sara entendeu o que torna o sexo perfeito para ela. "Se resume a intimidade e confiança", diz. "Assim eu me sinto segura com você e você se importa com o que eu preciso." Para conquistar isso, Sara acrescenta, ela precisa do que ela chama de "os dois Cs": comunicação e consistência. "Eu quero poder dizer: 'Eu estou com tanto tesão quanto você!', acrescenta. "Mas vamos falar sobre isso para estarmos na mesma *vibe*."

Leah, 24 anos, sobre por que ela escreveu seu trabalho de conclusão de curso a respeito de como a cultura da pegação é horrível.

Leah estava cansada de ler elogios sobre a cultura da pegação. "Muitas pessoas que escrevem sobre ela não a experimentaram", ela explica. "Eu não consegui achar uma matéria em que a pessoa fosse honesta a respeito do que estava acontecendo."

A própria Leah se sentia horrível depois de ter vários "pseudorrelacionamentos" na faculdade, em que ela ficava com o mesmo cara por semanas, mas ele se recusava a se abrir, se comprometer com algo mais, ou demonstrar afeto em público. Contudo, foi uma experiência com um cara que a dispensou para explorar outras opções, depois que eles já estavam ficando havia meses, que a fez pensar de forma crítica sobre isso. "Meses depois, nós acabamos em uma viagem de verão juntos e nos tornamos bons amigos", conta. Depois dessa viagem, ele perguntou se Leah queria namorar com ele, o que a pegou completamente de surpresa. Ela se questionou sobre o que havia mudado e perguntou a ele. A resposta? Ele disse que não pensava nela como um "ser humano" quando eles estavam ficando.

Essa confissão a abalou e inspirou a focar seu trabalho de graduação na cultura da pegação, porque ela não podia acreditar que pessoas participavam ativamente de uma experiência em que "pessoas não tratavam as outras como seres humanos".

Ela não estava sozinha: dentre os 75 homens e mulheres que entrevistou, encontrou apenas alguns estudantes que genuinamente queriam ficar sem compromisso e nada mais.

Leah terminou sua monografia em 2015 e escreveu um ensaio absurdamente popular para a *Quartz* em 2016 baseado em suas descobertas e chamado "Várias mulheres não gostam da cultura da pegação — então por que nos forçamos a participar?".

Desde então, Leah pensou bastante na pressão para participar de algo que faz tantas mulheres, e homens, se sentirem mal. "Há menos pressão cultural para se estar em um relacionamento monogâmico que há vinte ou trinta anos", ela diz. "O discurso pós-faculdade é ser independente e feminista, que é algo contraditório com 'eu quero encontrar um parceiro estável e comprometido que também é um homem'." Isso cria o terreno para uma cultura que vende sexo sem amarras. O problema, ela acrescenta, é que, "especialmente na faculdade, poucas pessoas pensam criticamente se isso funciona ou não para elas. A questão é estar consciente".

Leah ainda fica impressionada com o número de mensagens que ela recebe de mulheres e homens que leram seu texto na *Quartz* e se identificaram profundamente. "Muitas dizem: 'eu gostaria de conseguir ser tão honesta comigo mesma quanto você é nesse texto. Eu gostaria de conseguir admitir que não tenho orgasmos ou reconhecer que só quero alguém que me ame'", diz ela. "São coisas tão básicas."

Apego emocional gera sexo melhor, então mesmo que você só esteja nessa pelo sexo, pelo menos faça sexo bom.

Assim como ser honesta e vulnerável são dois ingredientes-chave em qualquer relacionamento sério, eles são quase impossíveis quando se está ficando com alguém. "Fingir que você não vai sentir nada pela pessoa com quem você está transando não é realista", ela acrescenta. "Apego emocional gera sexo melhor, então mesmo que você só esteja nessa pelo sexo, pelo menos faça sexo bom."

Hoje com 24 anos e atuando como jornalista, Leah está em um relacionamento sério desde seu último ano de faculdade com um cara que, de início, estava apreensivo com o que isso significava exatamente. "Ele se debatia com a questão: 'Mas e se eu me comprometer com você e depois quiser ficar com outras pessoas?'", Leah conta. "Outras fugas que eu ouvi foram 'Se eu me comprometer com essa pessoa, o que acontece quando nós formos estagiar em lugares diferentes? Ou se nos formamos e mudarmos para cidades diferentes?'." Leah tinha uma resposta para seu atual namorado e para todo mundo que se preocupa com essas coisas: Quem se importa? Viva e ame no momento. "Eu disse que gostava dele e não tinha tempo de esperar ele decidir o que sentia por mim", conta.

Então ela expôs a situação para ele. "Eu disse: 'Na melhor das hipóteses, nós ficamos nesse relacionamento e seremos realmente felizes' ou 'No pior dos casos, nós terminamos e talvez odiemos um ao outro e está tudo bem também'." O ponto dela é que "há várias pessoas que odeiam seus ex, mas você sempre aprende algo com a experiência, então simplesmente arrisque".

Regra #10
Pornô é como mascar chiclete: não passa de sabores artificiais.

Depois de dez minutos assistindo pornô,
eu quero ir para casa e trepar. Depois de vinte minutos,
eu nunca mais quero trepar na vida.
Erica Jong

Numa noite em Los Angeles no ano passado, depois de alguns drinques, um amigo, produtor bem-sucedido de Hollywood que sai com várias mulheres, me disse que nunca ejacula dentro delas, só em seus rostos. Uma amiga colorida com quem ele transava com frequência odiava tanto isso, ele acrescentou, que ela pegava uma máscara de dormir debaixo do travesseiro e colocava rapidamente para não ter que assisti àquilo. Quando eu perguntei por que ele insistia nisso quando estava claro que ela não gostava, ele alegou que morria de medo de engravidá-la — ou qualquer outra mulher. Ele negou, mas eu presumo que estivesse vivendo sua fantasia pornô, porque nos filmes esse ato é extremamente comum: homens estão sempre gozando nos rostos das mulheres e, com frequência, até mesmo nos olhos delas. Essa história me parece a metáfora mais clara que consegui encontrar.

Na *Cosmo*, recebíamos frequentemente perguntas que envolviam essa questão de gozar no rosto: "Meu namorado quer gozar na minha cara. Como posso dizer a ele que não gosto disso sem ferir seus sentimentos ou fazê-lo pensar que sou antiquada?". Parabéns mais uma vez para a intrépida lenda da publicidade Cindy Gallop, que transformou seu desgosto intenso pelo gozo na cara em um TED Talk em que insistia: "Não façam isso! Nós não gostamos!".

Sexo pornográfico não é sexo de verdade.

"O pornô está para o sexo como o McDonald's está para a comida"[1], diz Gail Dines, professora de Sociologia e Estudos de Gênero no Wheelock College, em Boston, e autora de *Pornland: How Porn Has Hijacked Our Sexuality* [Pornolândia: Como o pornô sequestrou nossa sexualidade]. "A pornografia não passa de calorias vazias e muita gordura. Você pega um desejo saudável, divertido e criativo por comida ou sexo e em seu lugar coloca um produto robotizado e industrializado que basicamente vai te fazer mal."

Para ser ainda mais precisa: o pornô está para o sexo como os McNuggets estão para um frango assado orgânico e criado livre na fazenda.

Deixo para os acadêmicos a discussão de se pornografia leva a mais ou menos violência sexual. Meu maior problema com ela é que a maior parte é absurdamente degradante e humilhante para as mulheres. Elas são estapeadas, viradas de um lado para o outro como peixes, e marteladas em todos os orifícios por pênis gigantescos e sem pelos pertencentes a homens que gritam "vadia!" ou "puta!". E, então, a maior mentira de todas: as mulheres fingem que querem mais.

O pornô está para o sexo como os McNuggets estão para um frango assado orgânico e criado livre na fazenda.

Uma das coisas mais deprimentes que eu sempre ouvia de mulheres mais jovens quando trabalhava tanto na *Marie Claire* quanto na *Cosmo* era sua resignação diante da expectativa dos homens de que elas agissem como estrelas pornôs. O paisagismo púbico é o exemplo mais óbvio, com depilações completas sendo hoje a norma e a depilação a laser dos pelos púbicos tendo se tornado cada vez mais comum. Tivemos leitoras que nos disseram que elas transavam com homens jovens que, tendo tido sua educação sexual na maior parte das vezes no Pornhub, achavam que pelos pubianos femininos normais são anormais, ou pior, uma aberração.

É deprimente ter sua imagem corporal determinada pelo clichê da indústria pornográfica. Mas minha verdadeira objeção é que a pornografia limita as expectativas das pessoas quando se trata de sexo.

Lá em 2014, Tracy Clark-Flory escreveu um texto incrível para a *Cosmo* que tocou num ponto sensível — e isso não foi um trocadilho — e gerou bastante reação, chamado "Como eu parei de agir como uma estrela pornô e tive o melhor sexo da minha vida". Como para muitos *millennials*, o pornô foi a maior fonte de educação sexual para Clark-Flory, assim como para seus parceiros. E, então, durante o período de seus vinte anos, ela fingiu que a excitava ter seus parceiros declamando o que fariam com ela com seus "enormes pintos".

Depois de uma transa particularmente vigorosa e digna de um anúncio do YouPorn, "um parceiro me disse: 'Eu me sinto como quando descobri a *Playboy* pela primeira vez!'. Mas eu nunca, nunca gozava", ela confessou. "O único prazer que eu tinha nessas escapadas sexuais era a satisfação de me sentir desejada." Para piorar, a depilação constante lhe causou uma assadura tão feia que doía até vestir a mais leve das calcinhas.

A grande revelação para ela foi que "o sexo só ficou sexy quando parei de agir como se fosse Jenna Jameson... e fui sincera a respeito do que realmente me excitava". Isso aconteceu graças a um novo namorado que a fez se sentir confiante o suficiente para experimentar o que a excitava. Como ela explica: "Eu queria mais do sexo, mais do que só fazer o cara se sentir bem".

Na minha juventude, a pornografia estava disponível nas revistas, como *Playboy* e *Penthouse*, uma representação de sexo decididamente conservadora em comparação ao que hoje está disponível on-line. Os vídeocassetes trouxeram a pornografia para a privacidade dos lares — e nos anos 1980 e 1990, vídeos pornôs eram alugados quatro vezes mais que os filmes normais de Hollywood. E então veio a internet. "Ela tornou o pornô barato, acessível e anônimo", diz Dines. "Os três fatores que regulam a demanda. Sites pornôs hoje recebem mais acessos mensais que a Amazon, a Netflix e o Twitter juntos."

O Pornhub, um dos mais populares sites do ramo, recebeu 2,6 milhões de acessos por *hora* em 2016.[2] As métricas exaustivas e globais do Pornhub, chamado de Relatório Kinsey dos nossos tempos[3] por uma matéria de capa de 2017 da revista *New York*, mostraram que os Estados Unidos eram de longe o maior consumidor de pornografia do mundo, com a Islândia em um distante segundo lugar. Os usuários nos Estados Unidos são 75% homens, 25% mulheres. A idade declarada começa aos dezoito anos[4] e vai até bem mais que 65 (faixa em que categorias como "vovó gostosa" e "boceta peluda" são buscas populares).

Que eles não incluam nenhum dado sobre o grupo com menos de dezoito anos é problemático, já que muitos estudos descobriram que meninos curiosos vivendo o despertar sexual digitam as palavras *sexo* ou *pornô* no Google e podem ser imediatamente atingidos por imagens violentas. Dois cliques e lá vem "engasguecommeupintovadia" e "arregaçadordebunda". Há um gênero pornô para cada nicho. Enquanto eu escrevo este livro a moda é desenhos pornôs do Pokémon.

E, ainda assim, como aponta Erica Jong, que criou o conceito do sexo sem zíper em seu romance revolucionário *Medo de voar*, o pornô é um atalho para a excitação. Quarenta milhões de pessoas só nos Estados Unidos visitam sites pornográficos regularmente.[5] Dines explica: "A função do pornô é deixar um cara de pau duro e aliviá-lo em sete ou oito minutos. Então, sim, ele funciona dessa maneira específica. Mas, se queremos uma parceria em que você relaciona sexo a amor e intimidade, então ele definitivamente não funciona".

Bom sexo é muito mais complicado do que a linguagem do pornô. Não há desejo ou tesão na maior parte da pornografia produzida hoje: é tudo baseado em satisfação imediata, e não é assim que relacionamentos reais funcionam. Quanto aos efeitos do pornô nos relacionamentos, um estudo publicado no *Journal of Social and Clinical Psychology*, em 2012, descobriu que o consumo de pornografia diminuía o comprometimento[6] em homens e mulheres e tinha um impacto mais forte nos homens. Outro estudo estabeleceu que relacionamentos livres de pornografia são mais fortes[7] e apresentam uma taxa menor de infidelidade.

A psicóloga comportamental Mary Aiken chama o pornô on-line de "o maior experimento social não regulamentado da história", especialmente porque é tão facilmente acessível a crianças e adolescentes. Gail Dines argumenta que a exposição à pornografia está até mesmo alterando o "padrão sexual" para os homens que crescem com ela. "Eles literalmente perderam a capacidade de intimidade e amor ou de saber o que é conexão por crescerem e se socializarem através do pornô", diz Gail. E isso, é claro, tem um impacto direto na saúde dos relacionamentos, já que esses meninos se tornam homens cujo entendimento-padrão dos relacionamentos sexuais veio pelas lentes da pornografia.

"O trauma sexual se tornou algo comum", explica Dines, que ensina sobre o impacto da pornografia na intimidade e no amor nos campi universitários pelo mundo. Homens e mulheres lotam suas palestras, e ela vê como a pornografia impacta ambos terrivelmente. "Esses rapazes não querem usar a pornografia dessa forma", ela diz.

"Eles sentem vergonha. E a última coisa que você quer relacionada à sexualidade é a vergonha, ela mata o sexo saudável."

Se eu fosse substituir uma pirâmide alimentar por uma pirâmide amorosa, respeito seria o equivalente a frutas e vegetais.

Sexo saudável é, mais uma vez, um ingrediente-chave em qualquer relacionamento amoroso, e, como todo o resto nessa dieta, estamos de volta ao respeito mútuo. Se eu fosse substituir uma pirâmide alimentar por uma pirâmide amorosa, respeito seria o equivalente a frutas e vegetais. São os nutrientes essenciais sem os quais é difícil se manter forte e construir um sistema imunológico saudável. Então, se pornô é algo do qual você e seu parceiro gostam e vocês conseguem usá-lo de uma forma que lhes ajuda a ter satisfação e incentiva sua comunicação sexual, então que bom para você. Mas usá-lo como um manual de instruções para encontrar prazer ou intimidade é como comer no Taco Bell todo dia e achar que não há nada melhor do que isso.

A pornografia não poderia ser mais distante do trabalho e da intimidade reais dos relacionamentos, porque nela você é um espectador, um voyeur, não um participante, assistindo à vida sexual roteirizada, artificial e, muitas vezes, violenta de outras pessoas. A única maneira de você descobrir o que realmente te excita é se perguntando, depois experimentando e então se comunicando com seu parceiro.

Para os que gostam de ser voyeurs, Cindy Gallop começou um site chamado MakeLoveNotPorn [Faça amor, não pornô][8] para fazer as pessoas falarem sobre sexo. "O problema não é o pornô", ela insiste. "O problema é que nós não falamos sobre sexo no mundo real." No site dela você pode escolher uma seleção de "sexo do mundo real", filmes feitos por pessoas normais (e algumas "estrelas" pornôs que queriam fazer sexo de verdade na frente de uma câmera). Eles têm regras: os filmes precisam ser consensuais, contextualizados e livres de clichê. Eles também são abertos a todo tipo de identidade e experiência sexual, desde que seja respeitosa. "Nosso slogan no MakeLoveNotPorn é 'Pró-sexo. Pró-pornô. Pró-saber a diferença'", diz ela. "E nossa missão é ajudar a tornar mais fácil para o mundo falar sobre sexo de forma aberta e honesta — tanto na esfera pública quanto em relacionamentos íntimos."

Eu não vejo os vídeos do MakeLoveNotPorn, mas eu amo o argumento de que o bom sexo nasce da boa comunicação. "Eu perguntei diretamente às pessoas: 'Quais são seus valores sexuais?'", diz Gallop. "E ninguém conseguiu me responder, porque não somos ensinados a pensar assim."

Deixando as questões da indústria pornô e a forma como ela trata suas estrelas femininas de lado, para os interessados eu recomendo o documentário *Hot Girls Wanted* [Procura-se garotas gostosas]. Mas fique avisada: é deprimente. Gallop gosta de apontar que há pornografia por aí que não é violenta ou degradante para as mulheres. "Eu fico muito frustrada quando as pessoas usam o termo *pornô* como se fosse tudo a mesma grande bagunça", ela diz. "É como usar a palavra *literatura* e dizer que é tudo a mesma coisa. O pornô é tão rico e variado como os gêneros, subgêneros, tipos, divisões etc. da literatura." O termo mais buscado no Pornhub em 2016 foi *pornô lésbico*, seguido de *madrasta* e *Milf*.* Outros termos comuns[9] no site incluíam *hijab porn*, *squirt* e *gangbang*.**

* Sigla para *Mother I'd Like to Fuck* — Mãe que eu gostaria de foder. (N. E.)
** Respectivamente, expressões que significam sexo com muçulmanas utilizando *hijabs*, ejaculação feminina e mulheres mantendo relações sexuais com vários parceiros ao mesmo tempo. (N. E.)

Eu aprecio a missão pró-sexo de Gallop. "Como não falamos sobre sexo, ele se torna uma área de insegurança crescente para todos nós", diz ela. "Todos nós ficamos muito vulneráveis quando nus. O ego sexual é frágil. Portanto, as pessoas acham estranhamente difícil falar sobre sexo com parceiros com quem estão realmente transando, enquanto estão realmente transando." Isso nos faz voltar ao "saiba primeiro o que te dá prazer e então seja capaz de comunicar isso a um parceiro em quem você confia".

O ego sexual é frágil. Portanto, as pessoas acham estranhamente difícil falar sobre sexo com os parceiros com quem estão realmente transando.

"Muitas de nós, se temos sorte, nascemos em famílias e ambientes onde nossos pais nos criaram para termos boas maneiras, sermos trabalhadoras, termos senso de responsabilidade", diz Gallop. "Ninguém nos cria para nos comportarmos bem na cama. Mas deviam, porque empatia, generosidade, sensibilidade, gentileza e honestidade são tão importantes nela quanto em outras áreas da vida."

LISTA DE TAREFAS

Eu nunca tinha sequer pensado sobre o termo *valores sexuais* antes de Gallop mencioná-lo, mas é uma ótima ideia saber quais são os seus.

Anote-os, como extensão do que a expressão *prazer sexual* quer dizer para você, como na Regra #9, já que os dois estão conectados. Seus valores se estendem ao que você quer de um parceiro, já que, na minha opinião, o melhor sexo garante que as duas partes estejam se divertindo.

Para que isso aconteça, você precisa ir fundo no que isso significa para você:

Você é alguém que prefere fazer amor na cama, embaixo dos lençóis?

Você é uma exibicionista e fazer sexo escondido em lugares públicos te excita?

Você gosta de tentar coisas novas?

Você gostaria de poder tentar coisas novas?

Você gosta de homens/mulheres? Os dois?

Do que você precisa para se sentir segura?

Do que você precisa para se sentir viva?

Pense no melhor sexo que você já fez — ou nunca fez. Descreva esse cenário.

Pense no pior sexo que você já fez — e anote isso também.

Agora você sabe o que procurar e o que evitar.

Você pode nunca mais precisar pensar nesses cenários, mas eles são úteis para reflexão agora, caso você cruze com alguém que te faça se sentir desconfortável no momento, pedindo por algo que você não quer fazer, ou alguém que te leve para além de seus sonhos mais ousados: até a lua e de volta para a Terra.

E, por último, mas não menos importante, você não precisa agir como uma estrela pornô, a menos, é claro, que você queira.

ESTUDOS DE CASO

Grace,* 21 anos, sobre perceber que "agir como uma estrela pornô na cama" não ia fazer ela arranjar o namorado que queria.

Grace aprendeu tudo que sabe sobre sexo assistindo a filmes pornôs. "Eu assisti pela primeira vez quando era adolescente", diz ela, que agora está no último ano da faculdade. "O primeiro cara com quem transei me mandou uma mensagem depois e disse 'você faz sexo como uma estrela pornô!'. Eu tomei como um elogio, como se eu estivesse fazendo isso muito bem."

Era exatamente por isso que ela assistia à pornografia. "Eu baseava tudo que fazia com os caras no que eu via no pornô", diz. E, embora os diferentes caras com quem ficou parecessem amar suas táticas, ela logo percebeu que não era assim tão divertido — para ela. "A primeira vez que um cara gozou no meu rosto foi traumático", explica. "Foi nojento, eu literalmente não consegui enxergar. Você nunca vê essa perspectiva na pornografia. Eles só cortam para o rosto do homem! Não para a mulher, com sêmen em seus cabelos e olhos." Também teve a vez que um cara perguntou se ele podia "dar um tapa" nela enquanto eles transavam. "Essa ideia saiu diretamente da pornografia", diz ela. Assim como todas as vezes que boquetes lhe deram ânsia de vômito, literalmente. "O som de engasgo excita os caras", conta. "Também uma ideia do pornô."

Grace não gostava de nada disso, mas achava que era isso que significava ser "boa de cama", e agora ela se pergunta se era por isso que os caras sempre queriam ficar com ela, mas nunca namorá-la. "Eu sou a única solteira entre os meus amigos", diz. Grace começou a fazer sexo casual no ensino médio e continuou durante a faculdade. Embora o sexo possa ser "ótimo", ela admite, é o depois que acha tão deprimente, além de confuso. Ela passou o primeiro semestre do seu segundo ano ficando com um cara de seu grupo de amigos. "Sempre que eu o via por aí, ele nem dizia *oi* para mim. Mas ele me mandava mensagem a uma da manhã toda sexta e sábado." Isso é, diz ela, "ridiculamente clássico". O relacionamento finalmente terminou e ela acabou ficando com alguém de fora do campus, que foi o melhor ficante da sua vida. "Eu não precisava me estressar por encontrá-lo no refeitório no dia seguinte", conta. "Acordava no dia seguinte pensando 'Isso foi ótimo'. Mas então você pira porque fica se perguntando: 'Será que ele vai falar comigo de novo?'."

A única sensação pior era quando havia muito álcool envolvido. "As pessoas ficam descuidadas, e você não conhece a pessoa, então há menos comunicação", ela explica. "Eu definitivamente estive em situações em que queria usar uma camisinha, mas nós dois estávamos bêbados e não comuniquei minha vontade com clareza suficiente." Esses sentimentos de preocupação e remorso, Grace acrescenta, são muito piores do que o "Será que ele vai falar comigo de novo?". "São as mulheres que lidam com as consequências do sexo sem proteção", ela aponta. "Não os caras."

Seu hábito de assistir à pornografia mudou com os anos. "Eu ainda assisto, mas não do tipo com sufocamento e violência", diz. "Eu estou mais interessada nas mulheres. Tem um tipo que eu acho atraente. Mas eu só assisto sozinha, nunca com um parceiro."

Isso, ela admite, também pode ser deprimente. "Eu sempre quis um relacionamento sério", diz Grace. "Eu preferiria estar com alguém a assistir pornô." Ela certamente tentou encontrar isso e passou um semestre ficando com alguém de quem ela gostava bastante. "Quando chegou a hora de passar para um relacionamento de verdade, ele não quis. Eu fiquei arrasada." Pior, o término foi por mensagem de texto.

O mesmo padrão se repetiu em seu terceiro ano. Mas, dessa vez, ela estava indo tomar brunch e cozinhando jantares com o cara com quem ela estava ficando, algo que considerava como encontros. Depois de vários meses, ela lhe explicou que queria levar o relacionamento a sério. "Ele disse que só queria continuar ficando comigo e trepar com quantas garotas pudesse antes de se formar", lembra.

Grace terminou o relacionamento e deu um tempo no sexo em encontros. "Eu percebi que sempre saía das situações me sentindo desapontada e ferida", diz. "Até que eu encontre alguém que me trate bem, não quero preencher o vazio com homens que não o fazem."

A pausa permitiu que ela refletisse sobre seu papel nesses relacionamentos, assim como sobre o impacto do pornô na sua vida amorosa. Sendo uma mulher negra que ouviu homens brancos dizerem "você é bonita para uma garota negra", ou "você é a primeira garota negra com quem eu fico", ela ficou interessada em como o pornô interracial afeta a imagem de sexo e raça do espectador e está escrevendo seu trabalho de graduação sobre isso. "Olhando para trás, eu me envergonho das coisas que fiz para que os garotos gostassem de mim", confessa. "Eu estava fazendo uma escolha ativa de permitir que homens fizessem coisas degradantes comigo, fosse gozar no meu rosto ou me ignorar, porque eu queria alguém naquele momento. Mas no final eu percebi que a única maneira de alguém me respeitar é se eu me respeitar primeiro."

Jess, 28 anos, sobre substituir a vergonha pelo perdão para salvar seu casamento.

Jess tinha dezenove anos quando conheceu Vaughn, apenas seis meses depois de ter dado à luz seu primeiro filho. "Ele morava do outro lado da rua e eu ajudei ele e o irmão a tirarem o carro da neve", ela se lembra. Eles descobriram que frequentavam a mesma Igreja de Jesus Cristo dos Santos dos Últimos Dias e Vaughn convidou Jess e alguns amigos para a casa dele em uma tarde depois do culto. "Todos foram embora e nós ficamos conversando até às seis da manhã seguinte", lembra. "Nós não nos beijamos nem nada, mas nunca ficamos sem assunto."

Jess até disse a ele naquela noite que tinha acabado de pôr sua filha para adoção. "Ele nem pestanejou", conta. "Só disse: 'Legal'."

Era a primeira vez que isso acontecia com Jess, que havia ficado com vários caras aleatórios nos meses seguintes ao nascimento da sua filha. "Eu não era assim", explica. "Eu estava agindo movida pelo luto." A maioria dos homens não era tão compreensiva. "Quando eles descobriam que eu tinha uma filha, ou me tratavam como muito fácil de levar para cama, ou como se eu fosse algo estragado". Vaughn era diferente. "Ele é muito centrado. Eu sinto paz e calma quando estou perto dele."

Uma semana depois de terem se conhecido, ela o convidou para a finalização da adoção da sua filha. "Eu estava do lado de fora da igreja soluçando e ele simplesmente me abraçou", ela diz. "Ele tinha 22 anos na época e simplesmente sabia que eu precisava que alguém me abraçasse." Esse foi o momento em que Jess soube que iria se casar com Vaughn.

Mas então ela pegou o computador dele emprestado e o histórico de buscas apareceu. "Foi assim que descobri que ele assistia a um monte de pornografia on-line. Fui tomada por todos esses sentimentos horríveis — traição e nojo. Porém, mais que tudo, sentia que deveria haver algo errado comigo, se ele precisava buscar aquilo em outro lugar." Ela o confrontou e Vaughn prometeu parar. Jess também não tinha muita experiência, portanto, quando ele disse que iria parar de assistir pornografia, ela apenas confiou nele. Mesmo assim, aquilo feriu a autoestima dela. "De repente, fiquei insegura na cama e fora dela", ela admite. "Eu não conseguia me sentir completa."

Vaughn lhe assegurou que não era o caso e que ele não via mais pornografia. Ela acreditou nele e, aos poucos, baixou a guarda. Dez meses depois de terem se conhecido, Vaughn a pediu em casamento e Jess aceitou.

Mas, logo antes do casamento, ela pegou o computador dele emprestado de novo e foi um *déjà-vu* horrível. Ele não tinha parado. O casal buscou aconselhamento na igreja, que foi onde Jess descobriu que vício em pornografia é muito comum na comunidade porque "quase não se fala de sexo", ela diz. "É assim que os garotos frequentemente recebem uma educação sexual, o que é algo totalmente deturpado." Eles foram encaminhados para um terapeuta e descobriram que, para falar do problema de Vaughn com pornografia, eles primeiro precisavam aprender a se comunicar um com o outro. "Ele cresceu em uma família que grita", conta Jess. "E minha família empurra tudo para baixo do tapete."

Foi uma longa jornada. Eles se casaram e ela descobriu que a pornografia ainda era um problema logo depois que a primeira filha deles nasceu. "Foi uma época muito dolorosa", lembra. "Eu não entendia por que essas caricaturas nojentas de humanos de mentira eram tão melhores que eu. Mas também estava totalmente aflita com meu corpo pós-gravidez." Ela sentia repulsa só de pensar em transar com ele e cogitou seriamente pedir o divórcio.

Depois de várias noites de conversas, durante as quais Jess se lembrou do homem por quem havia se apaixonado, ela pensou em como ele a havia abraçado na finalização da adoção e pensou: "Eu realmente vou desistir tão fácil?".

Vaughn teve uma epifania parecida. "Ele percebeu que sua família era muito mais importante que um prazer barato", diz. E ela percebeu que precisava ser mais aberta e honesta em relação a sexo no relacionamento deles. "Um dos motivos para o vício em pornô ser tão comum é porque há muita vergonha ligada ao sexo", Jess percebeu. "Eu fiquei tipo 'Quer saber? Eu preciso mostrar a ele que não há vergonha em ter problemas, só há vergonha em não encontrar uma solução para eles'."

Jess decidiu ajudá-lo em vez de deixá-lo. "Nós concordamos em fazer check-ins diários, à noite nós falávamos sobre qualquer vontade que ele tivesse tido naquele dia", ela diz. "Nós também colocamos filtros nos nossos computadores e telefones." Os dois trabalharam juntos e sozinhos em um plano para passarem mais tempo focados em sua vida amorosa. "Eu percebi que, mesmo tendo tido dois filhos, ainda era muito ingênua em relação a sexo. Nosso sexo só melhorou com o tempo porque nós falamos um com o outro! Já posso dizer 'Eu gosto quando você faz isso!' ou 'Você gosta disso? Vamos tentar'."

Por mais que a pornografia quase tenha acabado com o casamento de Jess, ela se tornou o catalisador para que eles criassem uma verdadeira comunicação em torno do sexo.

Regra #11
Consuma apenas açúcares naturais. Os substitutos fazem mal à saúde.

Um relacionamento saudável nos dá energia e sustentação. Mas quando dá errado pode ser devastador. Essa regra é curta, mas importante, já que aborda uma das questões mais difíceis do namoro. Uma das razões para eu querer escrever este livro era falar das seguintes estatísticas:

Nos Estados Unidos, uma em cada três mulheres[1] foi agredida fisicamente por um parceiro, segundo a Coalizão Nacional Contra Violência Doméstica.

Uma em cada cinco mulheres já foi estuprada. E, quase na metade das vezes, por um homem que ela conhecia.[2]

O amor pode ser perigoso. E, embora essa regra seja mais curta que as outras, é de muitas formas a mais importante, uma vez que eu notei que não há nenhum guia moderno e preciso sobre como encontrar um relacionamento saudável, ou como evitar um que seja tóxico e perigoso.

De forma similar, não há cursos sobre relacionamentos no currículo escolar. Passamos mais tempo pesquisando que tipo de carro deveríamos comprar do que as pessoas com quem ficamos nuas e trocamos fluidos corporais.

Então aqui vão alguns pontos para ter em mente antes de embarcar em um novo relacionamento, porque abusadores e agressores não usam camisetas dizendo "Fuja de mim a todo custo!". Ao contrário, eles muitas vezes são bonitos e carismáticos e te conquistam totalmente.

Em seu livro *Regras da comida*, Michael Pollan recomenda ler rótulos e ter certeza de que todos os ingredientes ali são não apenas naturais, mas fáceis de pronunciar.

Quando se trata de relacionamentos, há um "rótulo" que todas as mulheres devem fazer seu melhor para evitar: transtorno de personalidade narcisista. É difícil de detectar porque ele se esconde por trás de uma deliciosa doçura, mas vem com um retrogosto amargo.

"A característica psicológica mais comum em abusadores é o narcisismo", diz David Adams, um especialista em violência doméstica e cofundador do Emerge, o mais antigo programa de intervenção contra abusos nos Estados Unidos. O transtorno de personalidade narcisista está definido no DSM-5 (o *Manual diagnóstico e estatístico de transtornos mentais*) como: "grandiosidade persistente, necessidade de admiração e falta de empatia".[3] Isso pode se manifestar especificamente das seguintes maneiras: "sentimentos exagerados de autoimportância; preocupação com fantasias de sucesso ilimitado, poder, excepcionalidade e ideais amorosos e necessidade de requer admiração excessiva".

Há mais sinais, como o indivíduo ou pessoa "ter um sentimento de superioridade" e "explorar suas relações interpessoais". Mas talvez o sinal mais assustador seja a "falta de empatia: incapaz de reconhecer ou se identificar com os sentimentos e necessidades dos outros".

Empatia, a habilidade de se colocar no lugar do outro, é um ingrediente-chave em qualquer relacionamento.

O interessante é que, embora mulheres também possam ser abusivas, o transtorno de personalidade narcisista afeta muito mais homens.[4] O termo *príncipe encantado* já foi muito usado para descrever abusadores porque, de início, eles se apresentam como extremamente românticos e superatenciosos e te cobrem de elogios. Para alguém que não tem um relacionamento, ou mesmo que não faz sexo há meses, ou que está vulnerável, ou acabando de se recuperar de um término, pode parecer bom demais para ser verdade. E normalmente é, no caso dos abusadores, Adams alerta. "Gestos elaborados e ultrarromânticos no primeiro encontro podem ser um sinal de alerta", ele diz. "Ele te traz flores ou insiste em pagar o jantar." Adams chama isso de "estilo armadilha" e se lembra de uma vítima de relacionamento abusivo que ele entrevistou para uma audiência judicial. Ao descrever o relacionamento para Adams, ela disse que, no primeiro encontro, contou ao homem que se tornaria seu namorado que seu telefone estava quebrado. No segundo encontro, ele deu a ela um novinho em folha. Os dois se tornaram um casal, e ela se tornou mais uma entre quatro mulheres que já experienciou um relacionamento abusivo.

É fácil cair na conversa pelo que de início parece generosidade. Que gentil! Que cuidadoso! Mas é um sinal claro de muita coisa muito rápido. Assim como compartilhar muita informação íntima logo no início do relacionamento. Busque limites e uma fala respeitosa a respeito de ex-namoradas. "Ele reclama de uma ex?", Adams pergunta. "Ou diz coisas como 'Eu sei que você me entende melhor do que ela jamais seria capaz'?"

Qualquer papo de "almas gêmeas" num primeiro ou segundo encontro preocupa Adams. "É uma intimidade falsa. Algumas mulheres se encantam pela ideia de que o cara as entende, mas isso não acontece em um ou dois encontros. Leva tempo."

Não compartilhar informações ou simplesmente mentir também são alertas, explica Adams. Ele disse que tinha um negócio quando não tinha. Ou ele disse que tinha uma casa, mas na verdade era da mãe dele. Esses são dois exemplos que Adams usa para exemplificar como a pessoa pode "mentir e manipular, o que é um comportamento abusivo".

E então há a falsa representação. "Por exemplo, você descobre que algo que ele disse não é verdade, como ele estar mais envolvido com a ex do que disse estar", Adam explica. "Então, a questão é: como ele lida com isso quando você o confronta?". Ele surta e pergunta "Como você ousa me questionar?". Ou o argumento dele faz sentido para você?

Você precisa confiar nos seus instintos (mais sobre isso na Regra #12). Não é algo simples de decifrar. Mas se você sente que ele está mentindo ou escondendo alguma coisa de você, não ignore a sensação. Esse assunto me traz à mente o termo *gaslighting*, que Adams definiu como: "manipulação psicológica, também conhecido como 'enlouquecer' ou 'confundir', em que as vítimas são levadas a duvidar de suas percepções da realidade e, finalmente, de sua sanidade". Essa sensação — que é você a louca — é outro indicador de um relacionamento pouco saudável.

Um sinal de alerta mais concreto é a insistência em sexo precoce. "Sexo no primeiro encontro é incrivelmente comum entre abusadores", Adams diz. O que é particularmente complicado nesse alerta é que muitas mulheres transam no primeiro encontro com homens que acabam sendo parceiros maravilhosos. Mas se acontecer de ele ser um narcisista com uma tendência a comportamento abusivo, isso é sério. "Para os abusadores, o sexo significa posse", Adams diz.

Esse capítulo talvez esteja te apavorando. Respire fundo. Se você notar qualquer indicador de que um homem em quem você está interessada ou com quem está saindo tem tendências abusivas, Adams sugere testar a teoria impondo um limite e vendo como ele reage. Por exemplo, ele quer te ver em uma noite para a qual você já tem planos. Você tem um evento de trabalho. Ou um jantar marcado com amigos. "Se ele fizer uma cena, é um bom teste", Adams explica. "Ele pode até dizer 'eu sinto que gosto de você mais do que você gosta de mim', ou te fazer sentir que precisa escolher."

Estabelecer limites já no início é um bom teste para qualquer relacionamento. Essa pessoa aceita as outras demandas da sua vida? Se não, você deve pensar duas vezes. Se você não tem certeza, então comece a prestar bastante atenção nas suas interações com ele e não empurre nada para debaixo do tapete.

Monitore os dados do seu namoro. Algumas pistas: se você sente que há, de qualquer maneira, um desequilíbrio muito grande de poder no início do relacionamento, pense nisso com cuidado. Talvez seja algo com que você possa viver, ou talvez você sinta que vá se recalibrar a seu favor com o tempo. Por exemplo, ele pode ser mais velho e mais bem-sucedido na carreira, mas você vai chegar lá. Se você está em dúvida, aqui vão algumas questões para fazer a si mesma:

Como essa pessoa faz você se sentir?

Ele apareceu do nada e te conquistou imediatamente?

O período encantador durou menos do que você esperava?

Ele disse que te amava na primeira semana?

Você se preocupa com como ele vai reagir se você disser que não pode fazer algo com ele?

A expressão "pisando em ovos" se aplica a você agora?

Você se sente responsável pelos sentimentos dele?

Um *sim* para a última pergunta é o maior alarme para indicar que você deve sair dessa. "Só vai ficar mais difícil", Adams alerta. "Quanto mais tempo você passa no relacionamento, pela perspectiva dele, mais você lhe pertence."

Se você tem dúvidas, não as silencie. Isso é realmente importante. Apesar do sucesso do Bumble, mulheres ainda esperam que homens ditem o ritmo. Não seja passiva. Seja ativa e sempre dê ouvidos às suas dúvidas. Ele está se apegando demais muito rapidamente? Ele está te sufocando, competindo com seus amigos ou pais pelo seu tempo?

Tente não deixar que o alívio de conhecer alguém mais ou menos decente, que não parece ter um histórico complicado, ou uma ex doida que o *stalkeia* no Facebook, ou filhos, afete seu bom julgamento. A pirâmide fica menor conforme envelhecemos porque as pessoas arranjam pares. Então, quem sobrou? Por que eles sobraram?

Ele fala de si mesmo sem parar?

Ele fala mal da ex?

Ele fica perguntando o que ele significa para você e criando testes em que você tem que reforçar que ele é a prioridade em sua vida?

Ele critica seus amigos? Ele compete por atenção quando está perto deles?

Ele tem ciúme de outras pessoas na sua vida?

Sim para qualquer uma dessas perguntas é um indicador de narcisistas. A dra. Jean Twenge possui uma pesquisa fascinante focada em *millennials* e no aumento de traços narcisistas em uma geração que ela diz ter crescido ouvindo que era especial. Eles entravam em competições e ganhavam uma medalha de participação; suas notas foram infladas; seus pais aplaudiam cada tosse, cuspida e arroto. Seu livro *Generation Me* [Geração Eu] argumenta que as redes sociais[5] exacerbam todo esse mimo parental. "Todas as mudanças recentes em nossa cultura, especialmente as redes sociais e seu impacto, encorajam uma cultura de individualismo", Twenge explica. "Então, há mais foco no eu e menos nos papéis sociais e no coletivo em geral." Isso pode ser bom — uma visão mais positiva de si, ela diz, e "uma tendência a mais igualdade de raça e gênero". Mas também pode levar a níveis maiores de narcisismo. "É quando o eu é todo-poderoso e outras pessoas só são úteis pelo que podem fazer para você."

Quando perguntada sobre como o narcisismo pode afetar relacionamentos, Twenge concorda que é um desastre. "Narcisistas são muito charmosos", ela diz. "Mas então você descobre que se apaixonou por uma pessoa que não liga realmente para você. Essa é uma equação muito ruim." Ela acrescenta que o discurso cultural que exige que você ame a si mesmo antes de poder amar outra pessoa é uma tragédia. "Não mesmo!", Twenge diz. "Pessoas que amam muito a si mesmas são chamadas de narcisistas. E são parceiros horríveis."

E vale para os dois lados

Embora os homens tenham mais tendência a serem narcisistas, muitas mulheres também caem nessa categoria. "O foco que nossa cultura põe no individualismo diz que você não precisa de mais ninguém para te fazer feliz — você pode se fazer feliz", explica Twenge. "Você não precisa de relacionamentos, e se pensa que precisa então você é uma pessoa fraca. Essa é uma das mensagens que circulam em nossa cultura nos dias de hoje. E, além disso, há todas essas opções por aí, então não há necessidade de escolher uma agora e se comprometer. O problema disso é que precisar de relacionamentos é uma tendência humana natural."

Você está lendo este livro porque quer um relacionamento. E o ponto é achar um que vá te encher de felicidade e te preencher a longo prazo. Um que dê trabalho — todos dão —, mas que valha a pena porque você recebe o que dá.

ESTUDOS DE CASO

Leanne,* 26 anos, sobre quando o "bom demais para ser verdade" era exatamente isso.

Depois que Leanne se formou na faculdade, ela rapidamente ascendeu em sua carreira até se tornar gerente em um restaurante chique de Boston. Aos 23 anos, ela estava ganhando bem, amava seu trabalho e tinha um grupo incrível de amigos, mas achava que conhecer potenciais namorados era bem complicado. "Eu saio do trabalho às 2 da manhã", diz ela. "Não é o melhor horário para um primeiro encontro."

Por esse motivo, ela contou com a internet: assim podia procurar parceiros em potencial no seu tempo. Mas Leanne só encontrou vários caras interessados apenas em sexo e um doido que, depois que ela o dispensou on-line, começou a mandar mensagens com fantasias de estupro. Ela o bloqueou, deu um tempo e então voltou aos *apps* com mais cuidado. Foi quando conheceu Sam.

Os dois se encontraram para um café e, à primeira vista, ele parecia quase bom demais para ser verdade. "Bonito, charmoso e muito inteligente", ela lembra. "A única coisa estranha era que ele não trabalhava." Ela concordou com um segundo encontro e um terceiro e descobriu que ele tinha dinheiro guardado. Ele não precisava trabalhar, o que significava que podia se adaptar aos horários dela, o que era mais uma vantagem. "Eu o apresentei para a minha família depois de algumas semanas de relacionamento", Leanne recorda. "Meu pai ficou tipo: 'Eu nunca te vi tão feliz!'."

Mas então Leanne o apresentou a um ex-namorado que estava trabalhando com ela em um plano de negócios. Depois do encontro, Sam surtou. "Ele ficou raivoso e ciumento", conta. "Sam até sugeriu comprar a parte do meu ex do negócio, o que era tão sem sentido que eu ignorei."

De repente, Sam começou a aparecer sem avisar no apartamento dela, ou no trabalho, o que Leanne achou irritante. Ele dizia que queria fazer uma surpresa, mas ela sentia que ele a estava vigiando. Ainda assim, ela queria que o relacionamento desse certo, então afastou esses pensamentos e focou nas primeiras impressões.

Alguns meses depois, a verdadeira natureza do relacionamento finalmente começou a se revelar. "Estávamos fazendo compras no supermercado quando ele recebeu uma ligação da avó", ela lembra. Quando Sam desligou, ela sabia que algo estava muito errado — mas em vez de contar a Leanne o que tinha acontecido, ele simplesmente foi embora, irritado.

Algumas semanas depois, e após mais comportamentos estranhos, Sam finalmente admitiu ser bipolar. A avó dele tinha descoberto que ele havia parado de ir ao médico e tomar os remédios um pouco depois de começar a sair com Leanne. "Fiquei arrasada por ele não ter me dito antes", conta ela. "E, ainda assim, a essa altura eu já estava apaixonada por Sam — e ele estava doente. Eu queria tentar fazer dar certo."

As coisas pioraram e finalmente culminaram em uma crise maníaca três meses depois. "A visita de um dos meus amigos o deixou em tal estado de raiva que ele começou a quebrar coisas pelo meu apartamento e então deu um soco numa parede e quebrou a própria mão", ela lembra. "Finalmente o tirei da minha casa. Eu estava chorando sem parar e pensando: 'Como deixei isso acontecer?'."

Leanne terminou o relacionamento de forma rápida e segura. Ainda assim, aquilo a abalou. "Eu tive sorte de ter caído fora logo, antes que alguém se machucasse de verdade", ela percebeu. Depois de um hiato de seis meses, ela voltou aos *apps*, dessa vez com uma nova perspectiva. "Eu estou levando as coisas bem mais devagar. E observando qualquer sinal perturbador."

Mary,* 38 anos, sobre querer acertar na segunda vez.

Mary conheceu Sebastian em uma festa em Manhattan. Ele era um artista chileno com grossos cachos negros, olhos castanhos profundos e um sotaque que ela achou irresistível. Em um encontro bem no início, ele a levou ao topo do Empire State Building. Enquanto voltavam ao *loft* dele no SoHo, ele a pegou no colo e girou como uma cena de um filme. "Ninguém nunca havia me tratado assim", ela diz. "Eu me senti como uma princesa."

Mas então ele a levou a uma festa na semana seguinte para apresentá-la a alguns amigos. Um deles era um irlandês exaltado que a agarrou pela mão e a arrastou para a pista de dança. Mary estava adorando, dançando B-52's, quando notou Sebastian sentado em um canto da sala, a olhando com raiva. "Eu fui ver se ele estava bem", ela diz. "E ele literalmente virou a cara e se recusou a falar comigo."

Eles foram embora da festa e o gelo continuou. Finalmente, depois de ela ter implorado a ele para dizer o que ela havia feito para chateá-lo, ele gritou: "Como você ousa dançar com o meu amigo?". Mary ficou chocada. "Eu nunca tinha estado com uma pessoa ciumenta antes", explica. "Aquilo me espantou." Ela passou os dias seguintes pedindo desculpas, mesmo sabendo que não tinha feito nada de errado. "Eu só queria que as coisas voltassem a ser como eram no começo", diz.

Finalmente, ele voltou à sua versão romântica, embora Mary tenha resolvido nunca mais dançar, ou mesmo ser muito amigável, com qualquer outro homem. Ela até se pegou mentindo a respeito de com quem ia almoçar — dando o nome de uma colega mulher em vez de um homem. Certa vez, ela entrou em pânico quando acabou fazendo uma viagem de trabalho com um homem. "Ele era gay, mas eu me preocupei com a possibilidade de Sebastian pirar. Então menti e disse que estava viajando sozinha."

Isso tudo foi nos primeiros meses do relacionamento deles. Quando eram só eles dois tudo ficava bem, mas nunca tão divertido quanto naqueles primeiros dias. Quando ele a pediu em casamento do nada numa noite em um restaurante, ela disse que precisava pensar a respeito.

"Eu soube pela expressão do rosto dele que aquela não era a resposta certa", conta.

Nesse ponto, Mary estava praticamente morando com ele e o gelo que começou naquela noite durou dois dias inteiros. "Em certo momento, eu já estava literalmente chorando e implorando perdão", ela lembra. Ele finalmente cedeu e de novo as coisas voltaram ao normal. Um mês depois, quando ele a pediu em casamento de novo, ela disse sim.

Dias antes do casamento, a mãe de Mary a puxou de lado e perguntou: "Você tem certeza de que está fazendo a coisa certa?". A essa altura, a família de Sebastian já tinha vindo do Chile para o casamento, o vestido havia sido ajustado, as flores encomendadas. Mesmo sabendo, no fundo, que esse não seria um relacionamento fácil, ela disse à mãe que o amava. "Eu nunca vou esquecer da expressão nos olhos dela", Mary diz. "Era uma combinação de dor e derrota." O pai de Mary era emocionalmente abusivo e o casamento acabou de forma dolorosa quando a mãe dela descobriu que ele estava tendo um caso. Mas Mary não queria pensar em padrões, ou questões envolvendo seu pai. Ela ia se casar.

Mary relembra a história agora, dez anos depois, enquanto conclui o processo de divórcio. O ciúme de Sebastian apenas aumentou e se transformou num comportamento controlador durante o casamento deles. A raiva dele era explosiva e aterrorizante. E, embora nunca a tenha agredido fisicamente, ele dizia: "Você tem muita sorte por eu não te bater".

De forma irônica, foi Sebastian que a deixou depois de sete anos de casamento. "Foi por causa de filhos", ela diz.

"Eu queria, ele não." E, como todo o resto no casamento deles, Mary achou que podia resolver essa questão. "Quando ele disse que estava acabado, eu fiquei chocada. E totalmente aliviada." Ela também tinha 36 anos e queria ser mãe. Depois de um ano de hiato, ela começou a procurar por um novo parceiro on-line, mas primeiro fez uma lista do que queria em um relacionamento. "Gentileza estava no topo da lista", conta. "E alguém que ou já tivesse filhos ou quisesse se tornar pai comigo."

Ela foi a pelo menos uma dúzia de encontros desconfortáveis, chatos ou simplesmente horrorosos. "Cometi o erro de dizer a um cara de quem eu tinha gostado que queria filhos logo no primeiro encontro", ela diz. "Ele literalmente pediu a conta." Então, ela decidiu não mencionar mais filhos até o quinto encontro e começou a se desesperar porque talvez nem sequer chegasse tão longe assim com alguém. "Teve um cara que apareceu vestido dos pés a cabeça de lycra preta", ela lembra, rindo. "E só comia comida laranja."

Ela já tinha quase desistido quando lhe arrumaram um encontro com Jim. O primeiro jantar deles durou quatro horas e terminou com ele a levando até em casa e perguntando se poderia vê-la de novo. No segundo encontro, num show da Patti Smith, ele admitiu com cara de culpado que era "sincero". "Eu disse a ele que era minha qualidade favorita em uma pessoa", conta. E então, no terceiro encontro, ela perguntou por que ele e a ex haviam terminado. Jim explicou que ela não queria filhos e ele sim. "Nessa hora, eu disse: 'Eu ia esperar até o quinto encontro para te dizer que também quero ter filhos'. E eu acrescentei: 'P.S.: Eu espero que a gente chegue ao quinto encontro!'."

Eles não só chegaram até lá, mas Jim a pediu em casamento três meses depois. A essa altura, Mary já tinha certeza de que ele era o homem mais bondoso que já havia conhecido. Eles se casaram no ano seguinte e se tornaram pais por adoção. "Durante uma de nossas últimas brigas, eu me lembro de Sebastian dizendo que não conseguia acreditar que tinha perdido sete anos da vida dele comigo", ela lembra. "Eu tinha 36 na época e sabia que minhas chances de ficar grávida estavam diminuindo com a idade." Enquanto isso, depois de dois abortos espontâneos devastadores e um diagnóstico subsequente de infertilidade relacionada à idade, Jim lhe disse que estava aberto à adoção. "Ele disse: 'Eu não preciso ter um filho biológico — eu só quero ser pai e fazer isso com você'", ela conta. "Foi a coisa mais sincera — e romântica — que ele já disse."

Parte quatro

Regras do amor: A dieta lenta para o longo prazo

Regra #12
Confie nos seus instintos e se proteja com probióticos.

Parece óbvio, mas você deve namorar pessoas que te façam se sentir bem consigo mesma — não ansiosa, ou como se você precisasse melhorar alguns pontos da sua personalidade. Sim, é realmente simples assim.

Confie nos seus instintos.

Ele te escuta? Respeita seus sentimentos? Faz com que você se sinta bonita? Ou ele comenta sobre seu peso de uma forma negativa? Te interrompe no meio de uma frase? Faz com que você sinta que se se esforçasse mais poderia ser melhor? Ele não precisa ser um narcisista total como em minha regra anterior, mas ele ainda pode ser um babaca. Ele é homofóbico? Racista? Qualquer um dos dois o tiraria da minha lista. Essas coisas importam para você? Encontrar o par certo significa encaixar essa peça no quebra-cabeça da sua vida como um todo.

Você é uma católica devota e ele é um ateu dedicado? Você e ele podem ter uma conversa educada e profunda a respeito dessas crenças divergentes?

Todos esses detalhes são importantes, já que com frequência as mulheres ignoram os comentários inadequados, ou as manias irritantes, porque ele é bonito. Charmoso. Engraçado. Ou ótimo na cama. Ele pode ser todas essas coisas — e ainda assim não ser o cara certo para você.

É aqui que você vai precisar mergulhar no que te faz não só feliz, mas também o que os franceses chamam de *bien dans sa peau*, se sentindo bem na sua própria pele. Essa é a pessoa com quem você quer dividir sua vida, e uma comunicação clara e aberta é a chave.

Então, se ele faz uma piada que te incomoda, você se sente confortável em apontar isso e explicar por que te incomodou? Você fica preocupada com a reação dele?

Como tudo nessa dieta, eu estou pedindo que você seja consciente e proativa.

Se você conheceu alguém para algo potencialmente duradouro, note tudo que ele ou ela te faz sentir — quando é ótimo e quando é estranho. Anote tudo na sua lista de prós e contras. Se "eu não gosto do corte de cabelo dele" ou "ele não tem uma cafeteira" são os contras, você poderá lidar com isso. Se os contras são "ele faz piada com a minha religião" ou "ele fica agressivo quando bebe e isso acontece com frequência", você pode querer repensar.

Anotar problemas em potencial irá te ajudar a ver o padrão com clareza. (Esse é um bom momento para checar a lista de intolerâncias que você fez na Regra #3.)

Se você se vê com frequência atraída por homens indisponíveis, ou pelos muito lindos, mas não muito inteligentes, ou os descolados demais que são filhinhos da mamãe... pare aí.

E, antes de continuar, pense no que constitui um bom parceiro.

O primeiro ingrediente que você deve considerar é bondade, por ser o fundamento mais básico de qualquer relacionamento. E, felizmente, também é um probiótico do amor que você mesma pode produzir.

Vários estudos revelam que bondade e gentileza são a chave para uma vida feliz e saudável. Um estudo publicado pelo *Psychological Science* intitulado "Como emoções positivas constroem saúde física" descobriu que "emoções positivas, conexões sociais positivas[1] e saúde física se influenciam mutuamente em uma espiral ascendente que se retroalimenta". Outro estudo, que saiu da Universidade de Berkeley, descobriu que testemunhar atos de bondade produz oxitocina,[2] substância ocasionalmente chamada de "o hormônio do amor", que ajuda a baixar a pressão sanguínea e melhorar sua saúde cardíaca como um todo. A Universidade Emory também fez um estudo sobre os efeitos de ser bom e descobriu que, quando você realiza um ato de bondade, isso atiça as mesmas áreas do seu cérebro de quando você recebe esses atos ou sente prazer. O fenômeno é conhecido como "onda do benfeitor".[3]

Essa é a regra mais fundamental e simples dessa dieta: procure parceiros bondosos e seja bondosa consigo mesma.

Então, ele gosta de pintar a cara e gritar das arquibancadas durante um jogo de futebol. Ele te ouve? Te trata bem? Abre portas para senhoras idosas? Para na rua para brincar com cachorros no parque?

Essa é a regra mais fundamental e simples dessa dieta: procure parceiros bondosos e seja bondosa consigo mesma.

Gentileza é algo bom a longo prazo, especialmente neste mundo moderno em que a vida profissional das mulheres importa tanto quanto a dos homens. Costumávamos presumir que o foco estava nas perspectivas para os homens — eles eram os provedores. As carreiras deles importavam mais. Esse não é mais o caso, então é hora de mudar o roteiro, ou pelo menos parti-lo ao meio. Esse é um diálogo, não um monólogo. Então pergunte a você mesma: "Essa é uma pessoa com quem eu posso ter uma conversa a respeito das minhas ambições profissionais e familiares?". Dávamos como certo que, mesmo que você trabalhasse fora, você dedicaria um tempo em sua vida profissional para ter filhos, que seu trabalho seria secundário em relação ao dele. Isso está mudando. Mulheres não estão abrindo mão de suas carreiras como faziam antigamente.

Como isso impacta a conversa entre vocês e seu relacionamento?

Olhe a lista do que não funcionou no passado e faça uma nova para o que pode funcionar no futuro. E se certifique de colocar a bondade no topo. Preencha o resto com base em bem-estar emocional — esqueça as coisas superficiais — e mesmo assim lembre-se de ser flexível. É como ir ao mercado e descobrir que eles não têm mozarela, mas têm queijo feta. Você pode se adaptar, pode encontrar a flexibilidade e a disposição de experimentar algo novo, mas que tenha a ver com o que você quer e precisa. Pode acabar sendo ainda mais delicioso — desde que o ingrediente-chave, bondade, esteja presente.

Porém, nossa cultura nos faz desejar o molho de queijo sem gordura que não precisa ficar na geladeira porque é repleto de conservantes. Os caras legais que se fazem de difíceis. Os galinhas que flertam com você na sexta e então te ignoram no sábado.

Essa é uma das razões pelas quais Whitney Wolfe criou o Bumble. "Somos treinadas para nos sentirmos atraídas pela maldade", Wolfe aponta. "Assista a qualquer série da Disney: o menininho é malvado com a menininha porque ele tem uma queda por ela. Mas logo ele vai para casa e escreve cartas de amor à noite." Ou o clichê dos contos de fada: a jovem mulher que se apaixona pela fera porque só o amor dela pode transformá-lo em um belo príncipe. Wolfe quer reescrever essa história. "Todas nós já ouvimos

'Ah, ele é muito bonzinho' como se fosse uma coisa ruim. Por que isso é parte da nossa cultura? Você teria muita sorte de acabar com alguém que é bonzinho demais. Isso daria uma vida linda."

Ela está certa. Gentileza e bondade não precisam ser sinônimos de chatice.

Gentileza não é igual a ser certinho demais. É ser curioso e interessado. É também não se sentir ameaçado pela capacidade ou inteligência de uma mulher. Mulheres trabalham tanto quanto homens; precisamos de mais ajuda para cuidar das crianças e organizar a casa. E é aqui que a bondade se torna realmente importante — além da aceitação de que sua carreira importa tanto quanto a dele. Se você é uma mulher que deseja construir uma carreira, então seu parceiro precisa conseguir te ver como uma pessoa completa e não como um simples apêndice na vida dele ou alguém que o ajuda em sua jornada. Ele precisa te ver como uma copilota.

Por mais importante que seja se perguntar o que você quer num parceiro, é igualmente importante se perguntar o que você acha que ele ou ela quer. Alguém comprometido com um equilíbrio meio a meio? Ou alguém que quer dar um tempo na carreira para cuidar das crianças enquanto você trabalha? Alguém que insiste que você deve deixar seu emprego e que ele será o único provedor? E se esse equilíbrio for alterado ao longo do relacionamento, ele é flexível o suficiente para mudar enquanto você se desenvolve? Você é?

Quais são as coisas que você precisa a longo prazo? E seu parceiro? O que ele notou em você, mesmo que inconscientemente, é o que ele sente que precisa numa parceira?

Preste atenção. Seja honesta. Esse é um relacionamento entre iguais? Procure por qualquer grande disparidade. Aponte-as antes de se comprometer.

E, nem preciso dizer, a capacidade de manter uma conversa é outro bom indicador.

Em qualquer relacionamento em que você esteja é preciso haver respeito mútuo. Isso quer dizer que você precisa sentir que é capaz de expressar suas opiniões, preocupações e pontos de vista livremente. E você precisa conseguir ouvir os dele. No minuto em que vocês pararem de se preocupar com o que o outro pensa, é melhor tomar outro rumo.

Alguns relacionamentos duram cinquenta anos ou mais, outros não. Mas a duração não importa tanto quanto a qualidade do relacionamento enquanto você está nele.

ESTUDOS DE CASO

Beatrice,* 36 anos, sobre saber com quem ela queria se casar aos 23.

Beatrice diz que descobriu o que queria de um relacionamento quando tinha dez anos de idade. "Meus pais se divorciaram quando eu tinha um ano e se casaram com outras pessoas quando eu tinha quatro", ela explica. "Eu fui daminha nos dois casamentos." Ambos os pais se divorciaram de novo quando ela estava indo para o ensino médio. A essa altura, ela tinha duas meias-irmãs e um meio-irmão e foi testemunha "do que relacionamentos instáveis podem causar não só às pessoas que estão nele, mas aos seus filhos". Enquanto isso, ela cresceu em meio à indústria cinematográfica de Los Angeles, na qual ambos os pais levavam vidas aparentemente "fabulosas". Minha mãe é atriz e meu pai produtor, meu padrasto é roteirista e diretor", ela diz. "Havia muita distração e muitas razões para eles se divorciarem."

Beatrice diz que teve ótimos pais, mas não os melhores modelos de relacionamento. "Eu queria o oposto daquilo", explica. Depois de sair só com quatro pessoas "na sua vida inteira", ela conheceu Tim na faculdade. Depois da formatura, Tim se mudou para São Francisco e Beatrice para Nova York e os dois terminaram por seis meses. Durante esse período, ela tentou sair com outras pessoas e concluiu que era "muito difícil" e que "não era muito boa nisso". Nesse meio-tempo, Tim começou a mandar cartas longas e sentimentais, pedindo para que voltassem. "Eu percebi então que aquele homem me amava e tinha expressado toda a vontade de se tornar a pessoa que eu sentia que precisava como meu parceiro", ela lembra. "Gente sexy entra e sai da sua vida, mas eu estava focada em sustentabilidade." Ela tinha 23 anos quando eles voltaram e 27 quando se casaram.

A essa altura, Beatrice tinha começado uma carreira como produtora de cinema e, embora fosse contraintuitivo, decidiu começar uma família, o que foi muito desafiador. "Estávamos casados havia três anos quando eu dei à luz nosso primeiro filho", ela conta. "Na época, eu estava produzindo um filme e amamentando ao mesmo tempo." A filha dela tinha três meses quando a atriz principal desistiu do projeto e, como todo o investimento era baseado na participação dela, Beatrice precisou correr contra o tempo para evitar que o filme desmoronasse. "Eu chegava em casa meia-noite e meu leite secou por causa do estresse", ela relata. "Foi uma loucura." E também pesou no casamento dela. "Tim ficou tipo: 'Nós temos uma filha agora e você age como se esse filme fosse mais importante do que nós!'.

Eu não queria ouvir aquilo na época. Aliás, o filme ficou péssimo e ninguém foi vê-lo." Mas o que Tim disse a tocou.

Eles agora têm três filhos e Beatrice acabou produzindo filmes premiados. Manter sua família como prioridade tem sido um bom lastro para não ser carregada pela adrenalina da indústria do cinema. Também a fez se apaixonar mais ainda pelo marido ao longo dos anos. "Eu realmente acho que Tim é uma pessoa melhor do que eu". "Não quero me diminuir, mas ele é bondoso, acorda cedo todo domingo para levar nossos filhos à igreja e me deixa ficar em casa. Ele é engraçado, superinteligente e consegue enxergar sempre dez passos à frente, algo que eu não consigo." O que ela traz para o relacionamento é uma atitude entusiasmada, animação e uma crença profunda nele e neles, como um casal. "Tim recentemente começou seu próprio fundo de investimentos e eu disse: 'Vá em frente! E, se não der certo, nós vendemos a casa e alugamos um apartamento. Fracassar não me assusta. Minha atitude sempre é 'Nós vamos conseguir'."

Como ambos são pais que trabalham, a vida deles é realmente igualitária, uma outra razão para o relacionamento funcionar tão bem, segundo Beatrice. Essa abordagem foi testada quando eles tiveram filhos. "Nós a chamamos de 'um de cada vez'. Se eu acordo cedo com Rosie numa manhã, então ele o faz na seguinte. Ou se eu preciso lidar com ela no meio da noite por duas horas, então ele a leva ao parque no dia seguinte. Foi um esforço consciente de reajustar a rotina."

Funcionou. No final, Beatrice acredita, o relacionamento deles é forte por causa dessa atenção à igualdade.

"Nós podemos dizer o que estamos pensando", ela diz. "E funciona." Olhando para trás, para seus nove anos de casamento, Beatrice admite agora que sua escolha não foi "puramente romântica, ou movida pelo meu coração. Eu agi com a cabeça e então meu coração a seguiu. De uma maneira curiosa, eu amo mais Tim hoje do que quando tinha dezenove anos".

Cristina, sobre testar sua habilidade como casamenteira profissional para achar seu próprio par.

Cristina fundou a empresa Matchmakers in the City [Casamenteiras na cidade] com sua irmã Alessandra, em Los Angeles, em 2012, como um antídoto para o namoro on-line. "Profissionais ocupadas trabalham duro para ser bem-sucedidas em todas as áreas da vida, mas a maioria deixou o namorado para depois", diz Cristina, que prefere não revelar sua idade. "Elas sabem o valor do seu tempo e querem evitar perdê-lo com pessoas que tenham intenções erradas. Ou não querem arriscar achar seus estagiários no mesmo *app* de namoro." Comprometidas com ajudar as pessoas a encontrar "uma história de amor à moda antiga", as irmãs ampliaram seu negócio para além de Los Angeles e chegaram a Nova York, São Francisco e Washington. Portanto, ela sabia que estava em boas mãos quando Alessandra lhe apresentou a Dan. "Ela o avaliou para mim", Cristina diz.

Cristina também tinha seu próprio, e rigoroso, sistema de veto. "Eu queria alguém da minha religião", ela diz. "Isso era importante."

Alessandra conhecia Dan porque ambos davam aula de catequese na mesma igreja, e ela achou que ele seria um bom par para Cristina. Ela os apresentou no aniversário de um amigo. Quando se viram de novo, Dan chamou Cristina para jantar. Ela aceitou, e foi então que contou a ele sua abordagem com namoros. "Eu disse que queria construir uma amizade primeiro", ela explica. Dan também queria que ele a conquistasse e deixou isso claro. "Eu disse: 'Não vou atrás de você, mas se quiser me ligar, tudo bem'", lembra Cristina. "E então eu acrescentei que se ele quisesse me ver, isso seria ótimo, mas que o próximo encontro precisava ser com um grupo."

Cristina notou que foi muita coisa para ele assimilar, mas ela acredita que mulheres precisam estabelecer parâmetros e limites mais claros quando se trata de relacionamentos. "Não há mais barreiras nos namoros", ela diz. "Costumava ser seu pai na porta. Agora, as mulheres estão na faculdade, em trabalhos bem pagos e vivendo sozinhas. É maravilhoso, mas se torna problemático na hora de namorar, já que você precisa colocar seus próprios limites, caso contrário, é muito fácil tirarem vantagem de você."

Cristina aconselha as mulheres com quem trabalha a começar a criar limites simplesmente fazendo uma lista de qualidades que elas estão buscando num parceiro. Ela fez a mesma coisa para si mesma. "Ser confiável era o número um. Uma relação próxima com Deus era o número dois. E, embora eu acredite que você precise se sentir atraída pelo seu parceiro, isso não tem nada a ver com aparência. Eu queria um homem bom", diz. Outra exigência era saber dançar. "Da segunda vez que nos vimos, nós fomos dançar com amigos. Ele tem 1,90m é um bom dançarino, mas não estava preocupado em parecer *cool*. Ele estava se divertindo."

Depois de saírem mais algumas vezes, Cristina percebeu que ela estava sendo rígida demais com a coisa de "só encontros em grupo". "Eu e minha irmã dizemos que todo relacionamento tem um diamante e um aro", ela diz. "Alguém que brilha e alguém que abraça isso." Cristina é a mais extrovertida dos dois, enquanto Dan era uma pessoa que "não precisava do holofote". Isso tornava difícil conhecê-lo de verdade quando estavam em grupo. No encontro seguinte, ela sugeriu que eles fossem jantar, e então passaram a alternar entre encontros a dois e reuniões com amigos, até que três meses depois se tornaram oficialmente namorados.

Cristina diz que sabia desde o minuto em que o conheceu que ele poderia se tornar seu futuro marido, mas ela testou a teoria durante um ano. "Eu digo às nossas solteiras que é importante ver essa pessoa nas quatro estações", acrescenta. Ela disse a mesma coisa a Dan.

Ainda assim, ficou surpresa quando ele a pediu em casamento, um ano depois de terem se conhecido. "Eu estava indo à mesma missa que tinha ido mais cedo na noite em que nos conhecemos e o convidei para ir comigo", diz. "Foi uma coisa em cima da hora, então, quando ele me pediu em casamento, ali na missa, eu fui pega de surpresa."

Mesmo tendo sido uma surpresa, ela já havia ensaiado sua resposta: sim.

Regra #13
Estipule seu prazo de validade.

A ESSA ALTURA VOCÊ já conhece seus pontos fracos e desejos. Por quem você se apaixona, que tipos você deve evitar, além de o quê e quem buscar.

Armada com esse conhecimento, agora é a hora de montar um cronograma. Quantos anos você tem? E quem você quer? Com que idade? Quer você queira encontrar um namorado ou namorada antes do seu próximo aniversário, conhecer a pessoa com quem você vai se casar antes dos trinta e ter seu primeiro filho aos 31, ou achar aos cinquenta ou sessenta um novo parceiro com quem passar o resto da vida, desenhe um mapa de onde você está agora e aonde finalmente quer chegar. Você pode, e vai, fazer desvios — somos todos humanos, no fim das contas —, mas isso ajuda a identificar de onde você está começando e finalmente aonde planeja chegar.

Especialmente porque a velha frase "você passa seus vinte anos tentando não ficar grávida e seus trinta tentando engravidar" segue sendo verdade (e, ah, a ironia!) para muitas mulheres, já que o auge da sua fertilidade é por volta dos 26 anos,[1] o que parece bem cedo para quem está entrando no mercado de trabalho.

A boa notícia é que hoje há várias formas de se tornar mãe, e vale pensar nas que você está aberta a considerar com antecedência. Conheço muitas mulheres de trinta e tantos querendo encontrar um parceiro para ter um filho — e muitas mulheres aos quarenta e cinquenta que sentem que a maternidade lhes foi roubada porque acreditaram ter mais anos de fertilidade do que tinham realmente. Muitas das mulheres entrevistadas para este livro disseram que permanecer sem filhos foi uma das coisas mais difíceis que tiveram que enfrentar. Outras dizem que sentem um enorme alívio por vivermos num tempo em que elas podem admitir que não querem ter filhos e encontrar parceiros que também não os querem.

Quando Cameron Diaz confessou[2] que "nunca se sentiu atraída pela ideia de ser mãe" em uma matéria publicada na revista *Esquire,* abriu as portas para que uma multidão de mulheres de todas as idades confessassem como se sentiam aliviadas por uma estrela de cinema dizer em alto e bom som o que elas sentiam. A escritora Sezín Koehler compilou para o HuffPost uma lista de oito razões pelas quais decidiu não ter filhos,[3] e incluía sono, dinheiro e interesse. A mulher de 35 anos acrescentava: "Entre o meu trabalho criativo, um emprego que amo, um marido que adoro e que concorda com tudo neste artigo, eu estou o mais feliz, saudável e realizada que já estive em toda minha vida. (...) E não preciso empurrar uma criança para fora da minha vagina para ser uma mulher. Não preciso de um filho para ser feliz".

Polly Vernon, editora do *Guardian,*[4] escreveu um ótimo texto sobre não ter filhos, no qual ela confessava que sabia que não queria filhos desde os sete anos de idade. "Na adolescência", ela escreve, "eu já podia citar estatísticas a respeito do dano que filhos iriam causar na minha trajetória profissional, nas minhas finanças, na minha vida social e no meu corpo. Embora, para ser sincera, nada disso fosse, ou seja, um fator assim tão relevante na minha decisão de não ter filhos em comparação ao meu sentimento instintivo de que simplesmente isso não é o que eu quero." No final, ela confessa considerar a obsessão cultural com filhos "chata". Vernon, como Koehler, encontrou um parceiro que concorda com ela. "[Ele] nunca questionou meu desejo permanente de não ter filhos", Vernon acrescenta, "e eu o amo ainda mais por causa disso." Todos esses motivos são genuínos para ela, e sou feliz por estarmos em um momento em que mulheres podem admitir essas coisas tão livremente.

Então, o que é genuíno para você? Compreenda isso primeiro e então saiba que essa conversa precisa acontecer no início de qualquer potencial relacionamento. Não no primeiro encontro, claro, mas certamente logo que ficar sério. Isso não é algo que você quer mencionar pela primeira vez no seu aniversário de 36 anos, tendo esperado silenciosamente por seis anos que vocês quisessem a mesma coisa só para descobrir que têm ideias diferentes no que diz respeito a filhos. Eu conheço um monte de mulheres que presumiam que podiam levar o parceiro para a direção que quisessem sem nunca ter perguntado diretamente a opinião deles e então ficaram arrasadas ao descobrir que essa pessoa não estava pronta, ou interessada, em ter filhos. Ou pior, totalmente interessada em ter filhos, só que não com elas.

O livro de Tanya Selvaratnam, *The Big Lie: Motherhood, Feminism, and the Reality of the Biological Clock* [A grande mentira: maternidade, feminismo e a realidade do relógio biológico][5], deveria ser leitura obrigatória para mulheres que sabem que querem ter uma família. "A grande mentira é que podemos fazer as coisas no nosso próprio cronograma", Selvaratnam explica. "Somos educadas e condicionadas a pensar proativamente sobre nossos futuros profissionais, mas não sobre nossos futuros familiares." Como atriz e artista, ela fala e escreve com base em experiência pessoal. Depois de se casar aos 36 anos, ela teve três abortos espontâneos antes dos 38. "A experiência do primeiro aborto foi intimamente dolorida",

Selvaratnam conta. "Eu não sabia que eles eram tão absurdamente comuns. Meu parceiro na época não sabia que sua própria mãe havia sofrido um aborto até eu sofrer um!" Ela começou a tentar a fertilização *in vitro* e descobriu no processo um câncer gastrointestinal. Sua infertilidade pode ter salvado sua vida — mas também pesou em seu casamento. Um fenômeno bem documentado é o impacto da infertilidade em casais.

Hoje com 42 anos, divorciada e ainda sem filhos, ela publicou esse livro que recebeu excelentes críticas e bastante atenção, mas não vendeu como ela esperava. Tudo bem que infertilidade e doença talvez não sejam os ingredientes mais óbvios para um best-seller, mas mulheres jovens podem achar especialmente difícil confrontar seu desejo de ter filhos por medo de não parecerem levar o trabalho a sério, ou de serem acusadas de alimentar fantasias antiquadas.

Sylvia Ann Hewlett também aprendeu isso da pior forma possível em 2002, quando publicou *Maternidade tardia*, livro que apavorou as mulheres ao apontar uma estatística que estava bem na frente de todo mundo: 40% das mulheres que ganham mais de 50 mil dólares permaneciam sem filhos aos 45 anos.[6] Um dos primeiros livros a falar honestamente a respeito da incongruência entre a fertilidade e as ambições das mulheres, vendeu pouquíssimo em comparação à quantidade de atenção que a mídia lhe deu, o que sugeria que as mulheres não queriam encarar a verdade dolorosa que cerca a fertilidade: quanto mais velha você é, mais difícil é ficar grávida, não importa quão bem-sucedida você seja. Hewlett — que tem cinco filhos, o primeiro concebido quando ela tinha cinquenta anos e depois de anos de tentativas — ficou impressionada com a resposta. "Na minha pesquisa, eu esbarrei com o fato de que, quanto mais bem-sucedida fosse uma mulher, menor era a probabilidade de que ela tivesse um parceiro ou filhos", explica. "Enquanto para os homens é o oposto: quanto mais bem-sucedido, mais provável que ele tenha pelo menos uma, se não mais esposas e vários filhos."

Embora possa não ter se tornado um best-seller, o livro de Hewlett de fato alertou as mulheres para o declínio de sua fertilidade. Hoje o fato de que a fertilidade decai conforme uma mulher envelhece é muito mais amplamente compreendido. O Conselho Americano de Ginecologistas e Obstetras afirma que a fertilidade de uma mulher começa a diminuir gradativamente a partir dos 32 e então mais aceleradamente a partir dos 37, o que coincide com o número de óvulos que uma mulher tem para uma vida: de 300 mil a 400 mil no primeiro ciclo menstrual e algo entre 39 mil e 52 mil aos trinta anos. Aos quarenta, isso cai para algo entre 9 mil e 12 mil,[7] e nem todos são saudáveis. Então, mulheres que adiam a maternidade durante seus férteis vinte anos para focar em suas carreiras precisam saber que é mais difícil ficar grávida nos seus menos férteis trinta anos. "Eu chamo isso de uma não escolha", diz Hewlett, se referindo ao fato de que 30% das mulheres que estão subindo na carreira ou possuem um diploma não têm filhos aos quarenta anos. "Eu não gosto da expressão *desprovida de filhos*, já que ela denota uma falta e nem todas as mulheres se sentem assim", ela acrescenta. "Mas eu posso dizer que o sucesso profissional abre todo tipo de ótimas possibilidades para os homens. Para as mulheres, as escolhas se tornam menos generosas."

A crescente indústria da fertilidade mobiliza bilhões de dólares e também incentivou as mulheres a acreditarem que ainda podem chegar de última hora e usar a tecnologia para serem mães. A fertilização *in vitro* se tornou — para as mulheres que podem pagar por ela — um plano B. Ela criou a ideia de que, mesmo que você comece a tentar tarde e nada tenha acontecido ainda, você sempre pode fazer acontecer com a FIV. Sim, você pode tentar, mas não há garantias. E não é porque a imprensa está falando disso sem parar que você deve confiar na gametogênese *in vitro*, a última inovação no campo da fertilidade[8] — uma técnica que cria óvulos ou esperma a partir de células-tronco "pluripotentes" encontradas na pele de machos e fêmeas. Sim, esse procedimento superfuturista, e eticamente complicado, apresentou sucesso em camundongos, mas ainda falta muito para ser uma solução para os humanos.

Assim como a idade é um fator que conta quando se quer engravidar sem assistência, também é o fator mais importante no sucesso de uma FIV, diz a Sociedade de Tecnologia para Reprodução Assistida. Um pouco menos de 40% dos ciclos de FIV[9] resultam em bebês para mulheres com 32 anos ou menos. Aos quarenta, essa taxa de sucesso cai pela metade, para menos de 20%. Eu tenho uma amiga próxima que, aos quase quarenta anos, fez cinco rodadas de FIV — gastou mais de 250 mil dólares — e não conseguiu engravidar. O peso, físico, mental e financeiro, foi massacrante.

E, ainda assim, a boa notícia é que muitas crianças hoje em dia nascem por meio desse tipo de procedimento. Uma das minhas amigas mais antigas, que sofreu vários abortos espontâneos após FIVs quando tinha quarenta e poucos anos, engravidou de seu primeiro filho aos cinquenta e um, depois de a clínica onde ela havia deixado guardados seus óvulos fertilizados restantes escrever dizendo que eles seriam destruídos em um ano. Com alguma distância da série torturante de abortos, ela sentiu que não tinha nada a perder ao ter esses últimos óvulos implantados e, nove meses depois, deu à luz uma linda e saudável garotinha, que minha amiga chama de milagre. Mas você deve saber que essa ciência ainda é nova, e, embora os folhetos nas clínicas sejam bem otimistas, estatisticamente as chances não estão ao seu favor. Apenas 40% de todas as rodadas de FIV[10] em que o óvulo da mãe biológica é usado resultam em um nascimento bem-sucedido. Então, para ser clara: 60% dos procedimentos não dão certo.

> A resposta à pergunta "Você quer ter filhos?" afetará qualquer relacionamento que tiver com um parceiro. Você precisa saber sua posição a esse respeito mesmo que se sinta ambivalente — para evitar se sentir atropelada depois.

Embora o custo físico e emocional seja intenso, o impacto financeiro também pode ser debilitante para muitas mulheres. Os custos, que não são cobertos pela maioria dos convênios, giram em torno de 12.400 dólares por mulher, segundo a Sociedade Norte-Americana de Medicina Reprodutiva. Um estudo mostrou que 70% de todas as mulheres que buscaram algum tipo de tecnologia em reprodução assistida se endividaram no processo.[11]

Então se pergunte: "O que eu quero?". A resposta à pergunta "Você quer ter filhos?" irá afetar qualquer relacionamento que você tiver com um parceiro — ele ou ela os querem, já têm, ou não possuem nenhum interesse na paternidade ou maternidade? Você precisa saber sua posição a esse respeito mesmo que não tenha certeza — para evitar se sentir atropelada depois.

Dedique um espaço do seu diário para esse assunto e comece respondendo às seguintes perguntas:

Você tem filhos?

Se não, você os quer?

Se sim, quantos? Quando você tiver que idade?

Qual o histórico de fertilidade da sua família?

E, finalmente, como você quer tê-los?

Eu pergunto isso porque, hoje em dia, há diversas formas de se tornar mãe. E, dessa maneira, a descrição de Hewlett da "não escolha" que é a infertilidade relacionada à idade pode ser revertida por meio de diversas opções. Adoção, para começar. Barriga de aluguel. Bancos de esperma. Procurar alguém que já tenha filhos. Ou que tal achar um amigo com quem você queira ter um filho? Isso pode soar radical, mas certamente tira um peso da sua busca pelo amor. "Cinquenta por cento das pessoas não criam os filhos com a pessoa com quem os tiveram", diz Esther Perel, que também sugere: "Então por que você não escolhe um amigo com quem realmente pode criar um filho?".

Falando na linguagem da tecnologia, essa é uma ideia disruptiva, na qual uma organização israelense chamada Paternidade Alternativa[12] decidiu ser pioneira ao combinar homens e mulheres solteiros, tanto gays quanto héteros, que estavam prontos para ter filhos, mas não tinham um parceiro com quem os gerar.

Eu amo essa abordagem proativa. A matéria mais feliz que eu já encomendei quando era editora na *Marie Claire* foi uma chamada "Eu tive um bebê com os meus melhores amigos gays".

Kitty tinha 33 anos quando seu primeiro casamento acabou. A essa altura, ela gerenciava um restaurante de sucesso, tinha um grupo de amigos maravilhoso e se sentia pronta para ser mãe. O namorado seguinte dela, porém, não nutria o mesmo desejo e se sentiu pressionado pelo que, para ela, parecia uma contagem regressiva de fertilidade. Avançamos para seus 38 anos e ela havia implementado sua própria versão da Paternidade Alternativa ao pedir aos seus dois melhores amigos gays que fossem os pais do seu filho. Um doou o esperma, o outro, o sobrenome. Contratos foram assinados e uma seringa foi usada. Olive nasceu em 2009 e, embora essa paternidade coletiva tenha seus problemas — os pais não aprovam açúcar refinado e uma Kitty exausta já se viu servindo pizza congelada no jantar —, todos concordam que

Olive é o melhor fruto possível que poderia surgir desse relacionamento. Kitty escreve que o arranjo também tornou namorar mais fácil: "Muitas mulheres da minha idade têm filhos com um ex que odeiam, então o fato de eu amar os pais de Olive e eles estarem envolvidos na vida dela é reconfortante para os caras e alivia um pouco da pressão". Ela acrescenta que mencionar os "pais de Olive" num primeiro encontro já levou a diálogos hilários.

Eu amo a solução que Kitty conseguiu para essa questão. Eu já perdi a conta do número de mulheres que me disse: "Eu nunca pensei que me veria nessa posição. Com trinta e tantos anos, eu realmente quero filhos e não há NINGUÉM por perto para me ajudar nisso". Reconhecer que há formas alternativas de se tornar mãe pode abrir todo tipo de possibilidades.

Trinta anos atrás, a maioria das mulheres precisava casar com alguém que fosse sustentá-la financeiramente. Isso já não é necessário, mas ninguém vai ousar dizer que se tornou mais fácil ter alguém que te ajude a cuidar de uma criança.

Mesmo que fosse possível ter total controle sobre isso, decidir quando começar uma família é um dos desafios mais complicados enfrentados pelas mulheres modernas, que hoje entram no mercado de trabalho com tanta energia. Os ambientes corporativos — especialmente as grandes empresas que até bem pouco tempo eram em sua maioria concebidas, dominadas e dirigidas por homens — não construíram apoio suficiente para a mãe que trabalha. Eu gostaria de dizer "pais que trabalham" aqui, já que engatinhamos para o dia em que o ônus cairá sobre os dois, independentemente do gênero. Mas, nos dias de hoje, o discurso culturalmente dominante é uma obsessão com mulheres fazendo malabarismos, algo que só aumenta esse sentimento opressivo e deprimente de que é uma luta ter um trabalho e criar filhos. Sim, é verdade, mas também é muito difícil ter um trabalho e passar por FIVs. E também é muito difícil ser feliz no trabalho se ficou muito tarde para ter filhos e você realmente os queria. Precisamos de uma licença parental melhor e políticas trabalhistas flexíveis para famílias. Também precisamos de mais histórias positivas de mulheres que estão felizes em suas vidas de mães e profissionais.

Elizabeth Gregory decidiu fazer exatamente isso em seu livro *Ready: Why Women are Embracing the New Later Motherhood* [Prontas: por que mulheres estão abraçando a nova maternidade tardia], no qual ela entrevistou mais de cem mulheres[13] que tiveram seu primeiro filho, natural ou por adoção, aos 35 anos ou mais tarde. "Não é uma novidade que pessoas tenham filhos", ela diz. "O que é novo é que elas estão tendo seu primeiro filho mais tarde." Ela escreve por experiência própria, já que teve o primeiro filho biológico aos 39 anos e adotou o segundo aos 47. Ela escreveu o livro como um antídoto a todas as tentativas de apavorar as mulheres e incentivá-las a ter filhos aos vinte anos. "Tudo gira em torno de como as mulheres devem se apressar e ter filhos mais cedo ou elas vão se arrepender", conclui Elizabeth. "Isso parece sabotar os avanços femininos."

Enquanto isso, adiar a maternidade é a resposta das mulheres aos avanços dos anticoncepcionais e aos ganhos que tivemos em educação e no mercado de trabalho desde aquele dia histórico em 1960, quando a primeira pílula anticoncepcional foi aprovada para comercialização nos Estados Unidos. Acrescente a isso uma melhora da saúde pública e oportunidades crescentes para mulheres — o que quer dizer que mais bebês sobrevivem ao nascimento e as pessoas vivem muito mais tempo — e vemos como as mulheres se adaptaram com louvor a essas mudanças. É o suporte social que segue preso a um passado patriarcal. "As mulheres de hoje adiam a maternidade até poderem arcar com cuidados infantis de qualidade", diz Gregory. "Não há onde deixar as crianças durante os primeiros cinco anos de suas vidas, e então elas saem da escola na hora do almoço e, nas férias, ficam em casa durante o dia inteiro. É um sistema social desenhado para fazer as mulheres fracassarem."

Por esse motivo, Gregory é contra incentivar as mulheres a terem filhos aos vinte anos, a menos que elas realmente se sintam prontas para serem mães. O que a autora também descobriu em sua pesquisa é que, enquanto mães mais velhas talvez não tivessem planejado ter filhos tão tarde — e como resultado podem ter menos sucesso na gestação —, elas têm casamentos mais estáveis, mais confiança e segurança financeira, algo que tem um efeito direto e positivo em seus filhos. Ela também compartilha as muitas formas pelas quais mulheres podem se tornar mães mais tarde na vida. "A mulher mais velha com quem falei tinha 56 anos quando adotou o primeiro filho", expõe Gregory "Eu também falei com pessoas que não tiveram nenhum problema, incluindo uma mulher que teve cinco filhos entre os 35 e quarenta anos, e muitas outras que passaram por tratamentos malsucedidos antes de adotar."

Eu também esperei até me sentir pronta para ter filhos e imaginei que a melhor coisa que podia fazer era conquistar estabilidade financeira e ver o suficiente do mundo para não me ressentir de ficar presa em casa com bebês. Eu tinha 36 quando nosso primeiro filho nasceu e 39 quando tivemos o número dois. Dadas as probabilidades, ainda me sinto muito grata por ter conseguido ficar grávida sem dificuldade. Mas, se eu pudesse voltar no tempo, teria feito isso mais cedo e tentado ter três, ou mesmo quatro filhos. Aos 36 eu não tinha ideia de quão cansada podia ficar — me lembro de uma vez estar cansada demais para chegar ao quarto e, em vez disso, me deitar no chão e dormir ali mesmo —, ou quanto amor eu era capaz de sentir, ou quanta preocupação eu conseguia aguentar, porém, mais importante de tudo, quão divertido e fascinante ser mãe podia ser. Isso é porque ninguém mais te conta as partes boas. O pai deles comentou uma noite que ter nossos meninos era como passar de uma vida em preto e branco a outra subitamente colorida. Foi a coisa mais romântica que ele poderia ter dito.

Ao longo dos anos, passamos a responsabilidade sobre as crianças de um para o outro, dependendo de quem estava viajando, trabalhando com um prazo apertado ou ganhando mais. Eu nem sei dizer quantas vezes mulheres jovens me perguntaram: "Como você equilibra ser mãe e ter um trabalho?". Eu sempre digo: "Não há equilíbrio. Não faço ideia de como isso seria. Eu não me importo com extremos e tudo que há é algo no limite do caos. Você precisa abraçar o caos".

Então, se você quer filhos, não importa sua idade, cuide da sua fertilidade. Tenha uma conversa franca com seu ginecologista. Mandamos nossos carros para revisão antes de viagens longas — calibramos os pneus, testamos os freios e trocamos o óleo. Trate seu corpo da mesma forma, porque a viagem para se tornar mãe, qualquer que seja a estrada que você escolher, pode ser sinuosa e cara. Esteja preparada.

Se você não quer ter filhos

Saiba que isso é algo a ser discutido com futuros parceiros, já que homens, tanto quanto mulheres, têm opiniões fortes a respeito dessa questão. Encontrar um parceiro que quer o mesmo que você quando se trata de filhos é a chave para um relacionamento saudável e realizador. Você não quer ser responsável pelo arrependimento de outra pessoa.

Se você não tem certeza

Faça sua pesquisa e saiba que há várias opções pela frente, caso você decida mais tarde que quer se tornar mãe.

Se você quer ter filhos

Pesquise suas possibilidades de fertilidade. Fale com sua mãe, irmãs e tias. Pergunte sobre a capacidade delas de ficarem grávidas, se alguma teve um aborto espontâneo. Pesquise outras questões acerca de fertilidade que podem ser hereditárias.

Fale com seu ginecologista sobre fazer um teste de fertilidade, incluindo uma contagem de folículos antrais,[14] que te diz o número de óvulos disponíveis para gravidez, além de uma histerossalpingografia, que é um raio x do útero e das trompas para determinar em que estado estão.[15] "Uma mulher de trinta anos pode ter menos óvulos que uma de quarenta", Selvaratnam explica. "Os próprios especialistas não conseguem explicar como isso funciona, porque cada mulher é diferente. Cada uma precisa ser sua própria advogada e buscar respostas e informação." Falando nisso, para as mulheres que acham que ficarão grávidas no futuro porque já ficaram grávidas no passado, saiba que sua idade é o principal fator em sua fertilidade.

Considere congelar óvulos. Sabendo que a viabilidade dos óvulos declina nos seus trinta anos, não espere até os 38. Mas, se você decidir fazer isso nos seus vinte ou mesmo no início dos trinta, considere que é caro e pode envolver sérios efeitos colaterais, como a síndrome de hiperestimulação ovariana,[16] que pode causar ganho rápido de peso e um inchaço doloroso — além de não ser muito sexy. E então há o impacto psicológico: o que acontece se esse óvulo não vingar quando você decidir fertilizá-lo? Ou o dilema ético a respeito do que fazer com esses óvulos se você acabar ficando grávida naturalmente?

A questão central é que, quanto mais você esperar para resolver a questão, mais difíceis se tornam todas as opções: quanto mais velha você for, mais difícil será conceber naturalmente, conceber por meio de FIV, congelar seus óvulos ou até mesmo adotar. Sempre que ouço que alguém com mais de 45 anos está grávida, fico chocada com o fato de as pessoas ainda acharem que isso é um milagre. A verdade é que muitas mulheres que ficaram grávidas pela primeira vez aos 45 ou mais provavelmente usaram doadoras de óvulos. "As pessoas mentem sobre isso o tempo todo", afirma Selvaratnam. "Nós transformamos num fato anormal que mulheres admitam quando não usaram seus próprios óvulos." Esse é um dos últimos tabus.

Francamente, estou cansada de tabus em torno desse assunto. É hora de falar abertamente sobre todas as possibilidades para se tornar mãe — ou sobre saber se você não quer ser mãe — sem constrangimentos. "A melhor reação ao meu livro foi quando mulheres jovens disseram que podiam finalmente ter conversas com seus parceiros sobre o assunto", acrescenta Selvaratnam. "As pessoas não sabem como falar sobre essas coisas."

ESTUDOS DE CASO

Maria*, 49 anos, sobre querer ter dois filhos aos 35, não três aos 33.

Maria era recém-casada e tinha acabado de fazer trinta anos quando ela e o marido, Stefano, decidiram que estavam prontos para ter filhos. "Eu queria pelo menos dois antes dos 35", lembra a consultora de marketing que hoje tem 48. "Um menino e uma menina, com três anos de diferença." Até então ela tinha atingido todas as suas metas de vida — incluindo um belo marido argentino e um MBA pela Universidade de Wharton. "Meus vinte anos foram para morar fora, trabalhar fora, ter meu MBA e meu primeiro emprego de verdade", diz Maria. "Conheci Stefano quando tinha 21 anos e soube que ele seria meu parceiro para a vida toda, mas não falamos de crianças até chegarmos aos trinta."

Ela tinha tanta certeza de que ficaria grávida rápido que ligou para Lisa, sua cunhada que também era recém-casada, e as duas fizeram um pacto para engravidar juntas. "Nós queríamos que os primos tivessem a mesma idade", ela conta. Seis meses depois, Lisa ligou para contar que estava grávida. "Senti um aperto no peito. Eu estava feliz por ela, mas também com um pouco de inveja, porque eu ainda não tinha engravidado." Maria resolveu usar "sua personalidade decidida" para focar nesse objetivo: ela comprou livros sobre fertilidade e um calendário, além de um termômetro especial que indicava a melhor hora para fazer sexo com base em sua temperatura corporal. Isso foi um fardo em seu casamento. "Se Stefano não podia transar, pelo motivo que fosse, durante a janela de pico, eu ficava realmente chateada", ela lembra. E, ainda assim, ela não ficou grávida.

Depois de um ano, seu ginecologista começou a fazer exames e descobriu que o útero de Maria estava coberto de sinéquias — uma aderência de tecidos —, que estavam bloqueando também as trompas. "Eu tinha uma endometriose severa. Isso explicava por que minhas menstruações sempre tinham sido muito dolorosas." Ela começou uma terapia hormonal para forçar a menopausa, o que ajudaria a eliminar as sinéquias que estavam causando a infertilidade. "Eu tinha 31 anos e sofria com ondas de calor, muitas vezes no meio de reuniões importantes do trabalho. E o sexo era muito doloroso, porque eu estava ressecada."

Maria é grata ao marido por ter sido tão paciente e por ter lhe dado todo o apoio. "Pela primeira vez na minha vida, eu me sentia fracassando. Se ele não tivesse se demonstrado tão amoroso e otimista durante esse período, eu não tenho certeza se teria conseguido." Nada disso fazia parte de sua fantasia de maternidade. O tratamento funcionou, mas ela ainda não conseguia engravidar. Stefano tinha um bom trabalho, o que significava que Maria pôde deixar o seu emprego e acrescentar acupuntura, meditação, visualização e até pintura emocional ao tratamento. Todo esse esforço, entretanto, continuava a se mostrar infrutífero. Lisa já havia tido o bebê quando o ginecologista de Maria finalmente a encaminhou para uma clínica de fertilidade.

Qualquer fantasia de uma gravidez fácil ou natural foi substituída por exames de sangue e injeções autoaplicadas. "Eu me lembro de receber uma caixa de seringas e sentir meu coração partir", ela lembra. "Stefano ficou craque em dar as injeções."

O casal então receu a primeira conta: 12 mil dólares. Eles haviam contado com isso, mas Maria teve síndrome de hiperestimulação ovariana. "Em vez de produzir doze óvulos, eu produzi 33", ela diz. Seu médico a avisou que removê-los — algo necessário para a FIV — era perigoso, já que as cavidades se encheriam de fluidos e isso poderia causar coágulos de sangue. "Eu perguntei do risco e ele disse que a filha de um ginecologista havia morrido durante o procedimento havia pouco tempo", ela lembra, mas que o risco provavelmente era menor do que o de sofrer um acidente de avião. Foi dada a ela a escolha: arriscar a remoção ou cancelar o ciclo. "Eu vinha seguindo o tratamento havia meses e foi incrivelmente caro", conta. "Mas a questão era: valia a pena morrer por isso?"

Ela e Stefano passaram a noite em claro debatendo o que fazer e decidiram remover os óvulos — já que as chances de morte eram pequenas. Eles não contaram aos pais dela. Como alertado, as cavidades se encheram de fluidos e ela saiu do hospital com um cateter preso a seu abdômen e conectado a uma bolsa pendurada em sua perna. A essa altura, ela já tinha voltado a trabalhar, dessa vez em uma renomada empresa de RP, na qual ela precisava, várias vezes ao dia, ir ao banheiro esvaziar a bolsa e ainda usar meias brancas grossas para evitar coágulos. "Ninguém no trabalho sabia pelo que eu estava passando", ela diz. "Foi incrivelmente estressante." Seu médico tentou fertilizar todos os 33 óvulos que foram retirados, dos quais treze vingaram. Desses, o médico recomendou que eles escolhessem três para implantar, porque ele estava preocupado que nem todos sobrevivessem".

Mais uma noite de discussões e o casal decidiu ter três embriões implantados e congelar os outros dez.

Finalmente grávida, Maria ficou chocada ao descobrir que os três óvulos "pegaram". Ela ainda estava deitada na mesa de exames quando seu médico sugeriu uma "redução", um método de que nem ela, nem Stefano, haviam ouvido falar antes. "Uma gravidez de trigêmeos era considerada de altíssimo risco", ela explica. "A grande decisão era: 'Nós salvamos a vida de dois ao matar um?'." Mais uma noite sem dormir e o casal decidiu manter os três embriões.

E Maria, que com 1,72m pesava 54kg, entrou em uma dieta altamente calórica e foi posta em repouso absoluto quando chegou aos 80kg. "O colo do meu útero não aguentaria o peso de três bebês", ela lembra. Foi feita uma cerclagem — "eles costuraram meu colo do útero onde ele estava se rompendo", explica Maria, mas isso era apenas uma solução temporária. Os pontos cederam quando ela estava na 26ª semana de gravidez. Foi feita então uma cesariana de emergência no primeiro dia em que os nascimentos foram considerados viáveis.

Cada bebê pesava menos de novecentos gramas e eles ficaram na UTI neonatal, onde máquinas literalmente os mantiveram vivos pelas primeiras semanas. Maria passava todos os dias, o dia inteiro, no hospital, e Stefano vinha imediatamente depois do trabalho. "Eles pareciam macaquinhos em miniatura amarrados com durex e fios", ela lembra. "Seus braços e pernas tinham o tamanho dos meus dedos." Três meses depois, eles finalmente foram liberados para voltar para casa.

Os meses que se seguiram são como uma névoa — e então chegou pelo correio uma carta da clínica de fertilidade perguntando o que Maria e Stefano gostariam de fazer com os embriões restantes. "Nós poderíamos doá-los para pesquisa ou para um casal infértil — ou descartá-los. Mais um dilema." Eles decidiram doá-los para pesquisas.

No outono de 2017, Maria foi convidada para um painel na empresa em que trabalhava como vice-presidente de marketing. "O nome do ciclo de debates era *Faça acontecer*, e o primeiro painel se chamava 'Podemos ter tudo: mães que trabalham', ela lembra. Quando Maria anunciou que tinha "trigêmeos e mais um", o público de mais de setenta mulheres perdeu a fala. Oscar,* seu quarto filho, foi um acidente. "Eu não percebi que estava grávida até o terceiro mês", diz. Os trigêmeos tinham cinco anos a essa altura e estavam aprendendo a ler. "Eu ainda estava tão traumatizada pela primeira experiência que não achei que conseguisse aguentar mais uma gravidez." Porém, ao contrário do que aconteceu antes, Maria e Stefano tiveram a experiência de uma cesariana agendada e sem complicações. Ela concordou em participar do painel porque "eu nunca falo sobre como foi difícil para mim me tornar mãe, e agora vejo que isso é um desserviço para todas as jovens mulheres ambiciosas de vinte anos que provavelmente querem o que eu queria: ser uma mãe que trabalha!".

Maeve*, 54 anos, sobre finalmente se tornar mãe aos 50.

Maeve conheceu Sean em um encontro às cegas quando tinha 38 anos. "Ele não fazia nada o meu tipo", lembra ela. "Eu me imaginava com um arquiteto metrossexual ou um esbelto ex-jogador de futebol que virou designer gráfico." Nessa época, Maeve trabalhava em seu emprego dos sonhos: uma agência de fotografia, ao lado de outros fotógrafos em Nova York.

Ela tinha passado o início dos seus trinta anos morando em São Francisco com alguém que parecia ser sua alma gêmea, mas o relacionamento acabou não dando certo. "Ele era um artesão que construía móveis personalizados maravilhosos e amava o mundo da arte e a natureza tanto quanto eu", ela diz. "Mas ele não parecia conseguir dar jeito na própria vida." Maeve sentia que precisava encorajá-lo constantemente e pensava que ser sua líder de torcida quase o tempo todo seria algo exaustivo e que a deixaria ressentida. Maeve ainda o amava quando se mudou para Nova York a trabalho, o que facilitou a inevitável separação. A essa altura, estava com 36 anos.

Ela passou os anos seguintes focada na carreira e deixou a vida amorosa e a maternidade para depois. Uma entre seis irmãos, Maeve sabia que queria ser mãe um dia. Mas ninguém, nem sua própria mãe, nem seu ginecologista, mencionou sua idade como uma questão. Ela admite que estava em negação quanto à realidade de seu relógio biológico.

E de repente ela conheceu Sean. "Ele não fazia nada o meu tipo, era um cara grande e suburbano de Nova Jersey — com o maior coração do mundo." Sean correu atrás de Maeve, e ela percebeu que não precisava de um parceiro que fosse a galerias com ela ou que acordasse numa manhã de domingo e dissesse: "Vamos fazer uma trilha de cinco quilômetros". Sean era um "cara ótimo e firme", conta, "o cara que você quer no *Titanic* com você. Estável, amoroso e que sempre faz a escolha certa". Ela o elegeu por sua honestidade, integridade e confiabilidade. "Percebi que tudo de que precisava era um homem bom, que me amasse e que eu amasse. Nós podíamos ser diferentes, mas compartilhávamos objetivos e valores. E ele apoiava e se entusiasmava com o que me fazia feliz, vice-versa."

Eles namoraram por alguns anos antes de Maeve mencionar filhos. "Eu queria pelo menos dois", diz. Ela percebeu, aos 41, que a questão era sensível ao tempo e disse a Sean que ela não tinha certeza de que precisava estar casada, mas que sabia que queria ter filhos com ele.

Aos 42, ela começou a tentar engravidar. "Impressionantemente, eu fiquei grávida rápido. E Sean me pediu em casamento." Ela estava grávida havia dois meses quando sofreu um aborto espontâneo. "Eu fiquei arrasada, mas ainda estava iludida", lembra. "Eu pensei que, como tinha feito uma vez, podia fazer de novo."

Os dois se casaram na Irlanda em uma cabana de pescadores quando ela tinha 45 anos. "Eu ainda estava fantasiando que era uma supermulher e poderia engravidar de novo", ela acrescenta. Quando isso não aconteceu, eles foram atrás de tratamentos de fertilidade, com várias rodadas de inseminação intrauterina. Quando essas não funcionaram, o próximo passo era uma FIV. Em certo ponto, ela diz: "Nós tivemos que olhar criticamente para os custos e os riscos. Era claro que adotar era a opção mais óbvia".

Nesse ponto, sua irmã havia trazido para casa sua primeira filha: Jessica, que ela adotou na China como mãe solteira. "No segundo em que conheci Jessica, meu caminho se tornou claro como água", Maeve diz. "A irmã de Sean era adotada, então, por ele, estava óimo."

Eles trocaram completamente de curso e decidiram tentar adoções na Etiópia e na China, já que Maeve sabia que ambos podiam levar muito tempo e ela queria dois filhos. Eles pensaram que adotariam primeiro na Etiópia, porque em média levava menos tempo que na China, mas, depois de três longos anos preenchendo papéis e se dedicando a esse objetivo, a agência que eles contrataram informou que estava saindo da Etiópia. "Eu nunca chorei tanto na vida", Maeve lembra. "Estávamos quase na linha de chegada, então foi como perder um bebê aos nove meses." Embora eles respeitassem os motivos que levaram à decisão da agência, a notícia foi arrasadora.

Por sorte, eles já tinham cruzado 90% do caminho para conseguir os documentos para a adoção chinesa e puderam focar nisso quando a poeira da "bomba etíope" baixou, diz Maeve. "Nós mudamos o foco de novo, para a China, e rapidamente fomos ligados a uma criança identificada como pronta para a adoção."

Maeve e Sean foram à China para conhecer seu filho, Dylan, em 23 de dezembro de 2015. Em 24 de dezembro era oficial: Maeve era mãe. Eles voltaram para Nova York em 3 de janeiro e, seis dias depois, Maeve completou 51 anos. "Foi o melhor aniversário de todos", ela lembra.

Ela estava tão feliz que começou a organizar os papéis para uma segunda adoção na China. "Eu sabia que, por causa da minha idade, não podíamos adotar uma criança e esperar para ver como ia ser antes de decidir ter uma segunda", explica. Tim, o irmão de Dylan, se juntou à família logo antes de Maeve completar 54 anos.

"Sean me disse, anos depois de me conhecer, que ele sabia que acabaríamos adotando", conta. "Se ele tivesse me dito na época, eu teria ficado chocada. Agora, eu sei que escolhi o parceiro certo."

Rachel, 44 anos, sobre decidir não esperar o casamento para se tornar mãe.

Rachel sempre supôs que sua vida seguiria "da maneira como vidas seguem", ela diz. "Eu encontraria alguém, casaria, teria filhos." Mas a advogada e empreendedora que ajudou a fundar o TheLi.st, uma rede social para mulheres bem-sucedidas, e o Change the Ratio, uma organização beneficente, disse que estava se divertindo tanto em Nova York, focada em sua carreira e vivendo o que ela chama de "o sonho: uma vida excitante, agitada, divertida e independente", que nunca pensou em sua idade ou nas implicações dela. Até os trinta e tantos, quando as pessoas começaram a perguntar: "Então, você não quer ter filhos?".

"Eu respondia 'Claro que quero ter filhos, por que você está pensando que não?'", lembra. "Isso foi aos 35, 36, 37 e 39 anos. Aos 39, eu comecei a ficar um pouco tensa." Isso porque ela não tinha um parceiro que fizesse sentido na sua vida e sentia que sua fertilidade estava "em contagem regressiva".

Quando fez quarenta anos, Rachel começou a sair com um homem mais velho que tinha um filho crescido e não queria outro. "Eu percebi que namorar com ele estava diretamente ligado à decisão que eu tinha que tomar", ela lembra.

Isso foi em 2014, e um dos tópicos no TheLi.st, que Rachel descreveu como "incrivelmente importante e útil", falava de congelamento de óvulos. Mulheres estavam compartilhando sem rodeios os detalhes de suas experiências, incluindo tratamentos e médicos e quanto tudo isso custava. "Eu estava em uma viagem de trabalho, sentada na beira da minha cama de hotel e chorando em silêncio enquanto lia todas as mensagens", lembra. "Fui confrontada pela enormidade da conversa que eu nem sequer tinha começado a ter comigo mesma. Se você é uma mulher buscando um banco confiável de esperma para ver se você talvez pode ficar grávida, isso dá algum trabalho."

Rachel percebeu que ficar grávida aos quarenta era um jogo de azar. "Basicamente, eu precisava transar", conta. E transar era um desafio, já que ela estava, usando suas próprias palavras, "bem solteira". Ela não tinha planos de começar a dormir por aí com homens aleatórios e menos ainda oportunidade para isso, considerando que passaria um mês organizando musicais em um acampamento de verão para crianças. Não era o melhor *timing* do mundo para uma mulher que quer ficar grávida! (Nem, os pais esperam, para qualquer um que está indo monitorar um acampamento de verão.) Mas era só um mês. Ela pensaria nisso quando voltasse.

Rachel foi para o acampamento, que ela havia frequentado na sua juventude no Canadá. Tudo era familiar, incluindo outro antigo monitor de Toronto, sua cidade natal, que também havia voltado para dirigir uma peça. Ele e Rachel se deram bem, como parece provável para duas pessoas de quarenta anos dirigindo musicais em um acampamento para crianças. Avancemos para o fim do verão: o relacionamento não durou, mas deixou uma lembrança. Rachel estava grávida.

Solteira e aos 41, a decisão de ter o bebê foi fácil. Segundo Rachel, nunca houve outra opção. "Essa criança era um milagre. Eu sabia dos desafios, sabia das chances. Ninguém poderia ter planejado isso. Mas eu dei sorte."

Dois anos depois, Rachel é a feliz mãe solteira de uma criança agitada e feliz. O pai da sua filha vive em Toronto, mas participa da vida dela e a visita com frequência. Eles são uma de muitas famílias pouco tradicionais em seu bairro de Nova York. "Eu sou bem normal", diz Rachel. "Quando tinha quarenta anos, tinha medo de nunca ficar grávida. Eu me sentia completamente fora da curva. Mas não estava. Nem de longe."

Ser mãe solteira mudou a vida dela e Rachel não se arrepende. "Não há como contornar isso. A maternidade é difícil e fazer sozinha é ainda mais", conta. "Mas eu tenho um sistema de apoio incrível, ótimos amigos e uma família maravilhosa. E é isso o que eu queria."

O conselho dela para mulheres solteiras que querem ter filhos é não esperar. "Faça o que eu digo, não o que eu faço", ela brinca. "Pense no que você quer e no que você vai querer. Eu dei sorte, mas sorte não é uma estratégia. Estar preparada é."

Regra #14
Procure modelos de relacionamentos.

Uma noite, meu marido e eu saímos para jantar com um grupo de casais quando um deles começou a discutir.

Parecia que a situação poderia sair do controle quando o homem subitamente disse para a mulher "BNC" e os dois se acalmaram.

"BNC?", meu marido perguntou ao homem depois. "Que raios é isso?"

"Briga no carro", o cara respondeu. "Podemos gritar um com o outro no carro depois, mas temos uma regra de nunca discutir em público."

Nós roubamos essa regra deles.

Ninguém sai bem de uma briga na frente dos outros. Embora todos nós conheçamos gente que faz isso, só faz as pessoas que estão com você se sentirem insuportavelmente desconfortáveis.

No geral, você não lê muito sobre casais que se dão bem — e sobre suas regras estranhas para sobreviverem um ao outro, pela simples razão de que esse conteúdo não vende, ao contrário de conflito e drama. E é por isso que revistas de celebridade amam mais do que tudo perseguir casais famosos que parecem em crise. Certos semanários se mantiveram vivos orbitando miseravelmente ao redor dos colapsos iminentes de "Brangelina", os vários relacionamentos de Ben Affleck e o racional término de Chris e Gwyneth.

De forma parecida, romances não se focam em casamentos felizes, porque onde está a tensão? O mestre de todos os escritores, Liev Tolstói, apontou: "Todas as famílias felizes se parecem, cada família infeliz é infeliz à sua maneira".

Em outras palavras, casamentos felizes não são suficientemente interessantes para se escrever sobre eles, enquanto casamentos infelizes rendem boas histórias. Como artista, ele pode estar certo, mas não nos ajuda se estamos buscando bons exemplos para seguir.

Porém, tanto em nossas carreiras como vidas espirituais, somos bastante encorajadas a procurar modelos, porque podemos aprender simplesmente ao observar os outros.

Uma pergunta-padrão em entrevistas de emprego é: "Qual é o seu modelo de pessoa bem-sucedida?". Ninguém pergunta isso em um encontro. Imagine o cara se inclinando para a frente e perguntando seu modelo de relacionamento. E, mesmo assim, esses mentores podem ser úteis. Assim como investidores estudam os negócios de seus rivais e advogados mergulham em julgamentos anteriores para aprender técnicas e argumentos, estudar o comportamento de casais que você admira vale a pena. E modelos de relacionamento são especialmente úteis se você não cresceu com pais que gostassem um do outro ou que tratassem um ao outro — ou você — com respeito.

Procure casais que se apoiam publicamente, fazem o outro rir, celebram as conquistas um do outro, sorriem com ternura quando o parceiro conta uma história que eles, com certeza, já ouviram dezenas de vezes. Preste atenção aos casais que você admira.

Então, ache alguns modelos de casal. Na vida real, não na TV, em que o roteirista sempre tem a última palavra, embora seja difícil não torcer para que Pam e Jim, de *The Office*, cheguem às bodas de ouro acompanhados de Tami e Eric de *Friday Night Lights!*.

Procure casais que se apoiam publicamente, fazem o outro rir, celebram as conquistas um do outro, sorriem com ternura quando o parceiro conta uma história que eles, com certeza, já ouviram dezenas de vezes. Preste atenção aos casais que você admira.

Casais mais velhos que enfrentaram tempestades pessoais costumam ser uma fonte de ótimos conselhos e têm distância suficiente de suas primeiras crises para serem sinceros sobre como lidaram com elas. Em muitos casos, eles podem dizer que é questão de ignorar as fraquezas do outro e focar nos pontos fortes. Ou prestar atenção no que seu parceiro gosta de fazer sem julgá-lo. Aqueles que já acumularam anos juntos normalmente querem que os relacionamentos dos outros funcionem a longo prazo também. Eles entendem os benefícios. Há um orgulho em ter conquistado o quinquagésimo aniversário de casamento.

Jogar tênis com um bom jogador pode melhorar seu jogo, e sair com casais que funcionam bem dá a você um bom espelho que reflete o seu próprio comportamento como parte de um casal.

Plano de Ação

Pegue seu diário e faça uma lista de pessoas cujos relacionamentos você admira.

A primeira pergunta que você precisa fazer a você mesma é: "Eu cresci com um bom modelo de relacionamento?".

Se seus pais ainda estão juntos e felizes, então você já começou bem. Observe como eles tratam um ao outro, como eles olham um para o outro, como eles lidaram com situações difíceis ao longo dos anos.

Se você não vai usar seus pais como modelos de jeito nenhum, mesmo que eles ainda estejam juntos, que tal os pais dos seus amigos?

Pense naquelas casas que você gostava de ir quando era pequena. E parentes: uma tia ou um primo? Ou talvez você tenha irmãos cujos relacionamentos você admira. Peça a opinião deles.

Jogue situações hipotéticas para eles e peça por soluções. Em vez de ir ao cinema, jantem juntos uma noite e peça a eles para falarem suas dez regras para fazer o amor durar. A maioria das pessoas em bons relacionamentos quer compartilhar o que aprendeu e tem uma coleção de histórias divertidas de desafios que superou.

Até recentemente, casamentos novos eram ativamente ajudados por líderes religiosos locais, fossem padres, imames ou rabinos com anos de experiência. Se você precisa de ajuda, mas não quer pagar um terapeuta, tente ir a um templo e encontrar um líder espiritual que você respeita.

Converse com essa pessoa sobre mecanismos para lidar com as coisas difíceis. A maior parte dos líderes religiosos adora ter novos membros em suas congregações, e você não precisa ser uma crente fervorosa para se beneficiar de pertencer a uma comunidade.

Pense nos casais cuja conexão você acha tocante. O que os mantêm envolvidos e quanta flexibilidade eles permitem um ao outro? Uma amiga minha um dia se sentou ao lado de um casal em uma viagem de avião. Vê-los se acomodarem para a jornada juntos a fez perceber quão infeliz estava em seu próprio casamento. E agora ela está em um relacionamento muito mais feliz.

Empresários falam apaixonadamente sobre os fundadores lendários ou os empreendedores de grandes empresas que os inspiraram. Quem te inspira nos seus relacionamentos?

Quando sua tia ou tio perguntar no Natal se você já encontrou alguém especial, não sucumba à tentação de revirar os olhos e mudar de assunto. Em vez disso, pergunte como eles souberam que eram as pessoas certas um para o outro, ou como eles decidiram se casar. Se você sabe que eles passaram por períodos difíceis, talvez tenham superado uma doença ou falência, pergunte como eles lidaram com a pressão. Ou, se eles são divorciados, pergunte quando eles souberam que era hora de terminar.

Meu ponto é: a maioria das pessoas, mesmo aquelas que te irritam, pode oferecer sabedoria a respeito de relacionamentos com base em suas próprias experiências. Você não precisa adotar o conselho delas. Mas perspectivas alheias podem ser úteis. Especialmente daqueles que estão com alguém há muitos anos e conseguiram sobreviver sem assassinar um ao outro.

Abaixo da sua lista de modelos de relacionamentos, responda às seguintes perguntas:

O que te inspira nesses casais?

Como eles se tratam?

O que você quer produzir em seu relacionamento?

Agora vem a parte divertida: entreviste-os.

Diga a eles que está fazendo isso como um projeto pessoal.

Eles ficarão lisonjeados por terem sido escolhidos, assim você já começou bem. Então pergunte tudo que quer saber, começando com "Qual é o seu segredo?". Alguns podem ter a própria versão de BNC. Outros podem dizer: "Não se irrite por coisas pequenas!" ou "Nem sempre foi tão fácil". Ouça suas histórias, faça mais perguntas e tome notas. Nós precisamos de mentores, e muitas vezes eles estão ao alcance de nossas mãos.

Regra #15
A vida é um banquete. Ocupe seu lugar na mesa.

"Sem amor, viver quem há de?",* perguntou o poeta W.H. Auden em um verso que me marcou já no ensino médio. E eu gosto da urgência do amor perdido na música dos Rascal Flatts: "I should have stolen every moment/ Now there's a page with not enough on it" [Eu devia ter aproveitado cada momento/ Agora restou uma página incompleta].

E deixe-me fazer uma última referência a Michael Pollan. Não namore alguém que sua avó não iria querer para você. Namore uma pessoa que seja boa e confiável. Que te ama por quem você é. Que te tratará com respeito. Que irá te amar, na riqueza e na pobreza, na saúde e na doença. Alguém que te faz sentir excitada, feliz, maravilhosa, inteligente, alguém em quem você confia.

Mas não entre num relacionamento já preocupada com o "até que a morte os separe". Pensar que essa pessoa é a única é muita pressão. É como começar como estagiária já preocupada com virar sócia. Talvez seja por isso que tantas mulheres têm tanta

* Do poema "1º de setembro de 1939", com tradução de João Moura Jr., publicado em *W.H. Auden [poemas]*. São Paulo: Companhia das Letras, 2013.

dificuldade para encontrar o cara certo. Presumimos que, quando ele aparecer, todos os nossos problemas serão resolvidos. É o complexo de Cinderela. A terminologia *príncipe encantado* me dá nos nervos. Ela sugere que só há uma solução.

Mas a verdade é que não há. Ignoramos oportunidades que poderiam florescer e se tornar algo válido porque vivemos nessa cultura ocidental que nos ensina que só há um grande amor. Eu prefiro a ideia de "*slow love*" de Helen Fisher.[1] Como o movimento do *slow food*, em que se prega que devemos comer mais devagar, que o melhor alimento é cultivado localmente e consumido na estação certa, o *slow love* é um processo orgânico e saudável que envolve três pilares: desejo, romance e apego. Os dois primeiros podem acontecer em qualquer ordem. Em outras palavras, você pode se apaixonar por alguém antes de fazer sexo, ou você pode fazer sexo primeiro e em seguida se apaixonar. Mas a etapa do apego, essa terceira peça, é a que você precisa para um parceiro de longo prazo. Isso leva tempo e, por mais que você queira, não pode acelerar as coisas.

Nessa mesma linha, não há nada parecido com perfeição, em você ou no seu parceiro, quando se trata de amor. Abrace as imperfeições e ache um par que te ame pelas suas. E saiba, quando começar a namorar, que essa pessoa pode não ser aquela com quem você vai ficar pelo resto da vida. As pessoas mudam. *Você* vai mudar.

Abrace as imperfeições e ache um par que te ame pelas suas.

"As pessoas costumavam se casar e fazer sexo pela primeira vez na mesma noite, e então paravam de fazer sexo com outras pessoas", diz Esther Perel. "Elas costumavam se casar com, ou escolher, alguém para a vida toda; elas realmente não tinham nenhuma opção para fugir desse modelo. Hoje, você pode começar tudo do zero aos sessenta anos e até mesmo pela primeira vez. É toda uma gama de opções que não existia antes. A monogamia costumava significar uma pessoa para a vida toda, e hoje a monogamia é uma pessoa de cada vez."

Hoje, 40% a 50% dos casamentos americanos acabam em divórcio,[2] segundo a Associação Norte-Americana de Psicologia. O Centro de Pesquisas Pew descobriu que as taxas de casamento caíram nos Estados Unidos:[3] um a cada dez adultos maiores de 25 anos não era casado em 1960; em 2012 era um em cinco. Ainda assim, a maior parte das pessoas que está em busca de um parceiro diz que quer encontrar aquela única pessoa com quem passará o resto da vida,[4] segundo o estudo que Helen Fisher conduziu para o Match.com. Eu me pergunto se isso é simplesmente falta de noção da realidade. E se você encontrar alguém que faça muito sentido agora? E para a próxima etapa da sua vida?

"Nossas expectativas só aumentaram", Perel diz. "Nós ainda queremos tudo que queríamos dos relacionamentos tradicionais: companheirismo, apoio financeiro, vida familiar, filhos e um legado. Mas, além de tudo isso, queremos que nosso parceiro seja nosso melhor amigo, um confidente, um amante apaixonado, um par intelectual, além do melhor pai possível." Vivemos o dobro de tempo hoje em dia do que há cem anos, o que coloca muito mais pressão sobre os ombros das pessoas. "O modelo romântico dominante hoje é pedir para uma pessoa o que antes toda uma vila fornecia", acrescenta Perel. "E há essa crença de que o casamento te dará acesso a todas essas outras coisas que vão te fazer feliz. O casamento não deve ser a fonte da felicidade."

Parte da felicidade é sua responsabilidade.

E você precisa viver a melhor vida que pode viver.

Sylvia Ann Hewlett conduziu um estudo chamado "Mulheres querem cinco coisas" entre profissionais bem-sucedidas e descobriu que mais do que casar ou ter filhos, as mulheres queriam se sentir "encantadas por suas vidas". Hewlett chama isso de "florescer",[5] e quer você queira achar um parceiro para se casar e ter um filho, ou simplesmente alguém com quem compartilhar a vida, quem não quer florescer?

O que te faz feliz? Se é observar pássaros, ou jogar boliche, faça isso. Ou se você não sabe, experimente. Ioga ou tango. Estande de tiro, corrida de demolição ou literatura russa. Faça tudo isso enquanto continua a procurar por amor. E torne essa uma busca consciente. Isso é importante demais para você simplesmente *esperar* que algo aconteça.

Quando eu estava na *Cosmo*, junto de como pedir aumentos e ter orgasmos, o "Como eu faço ele se comprometer?" era outra pergunta frequente das leitoras. Para essas mulheres que estão saindo com o cara que não diz "eu te amo", ou que não quer morar junto, meu conselho é que tomem outro rumo. Nada é mais deprimente do que ter que persuadir alguém dos seus encantos quando ele não está convencido. Qualquer medo de ter essa conversa significa que esse não é um relacionamento de igualdade de sentimentos.

Claramente não está funcionando, então seja corajosa e termine.

"Nós temos essa extensão do que eu chamo de pré-compromisso, ou compromisso leve", diz Fisher. "O casamento costumava ser o início de um relacionamento com alguém e agora é o final. Como resultado, você tem bastante tempo para experimentar a pessoa antes de se comprometer. Faça isso. Se não estiver funcionando depois de três meses, não faça mais. Não é difícil terminar."

Veja dessa forma: se você está trabalhando em um determinado projeto e o cliente se recusa a assinar os papéis ou não retorna suas ligações, você sabe que algo está errado. Não fica inventado razões ridículas para explicar o que talvez possa estar acontecendo. Você entende que o silêncio e a recusa significam que ele perdeu o interesse e se arrependeu, e você segue em frente e procura outro negócio. Da mesma forma, se faça um favor e seja honesta se você está esperando pela próxima mensagem ou ligação que ainda não chegou, mas já deveria. Sim, é irritante, frustrante, humilhante quando alguém não devolve a bola que você jogou, mas não invista demais em alguém que não está correspondendo.

Matthew Hussey, o especialista em relacionamentos da *Cosmo,* tem uma regra excelente: "Só invista em alguém que está investindo igualmente em você". Você quer criar movimento para que sua vida amorosa não fique parada e dependa dele ou dela. Você quer igualdade aqui. Essa é a grande vantagem dos *apps* de namoro. Você pode encontrar outra pessoa. Então respire fundo e siga em frente se o que parecia promissor não deu em nada. Sim, eu sei, é preciso coragem para falar com a pessoa no cubículo do outro lado do escritório ou na sua frente na fila do café. Se pensar em desligar seu celular te apavora, então você pode usá-lo como uma ferramenta de apresentações, mas em um cenário da vida real: vire-se para o cara atrás de você e comente a notícia que você acabou de ler. Ou simplesmente pergunte: "Você sabe a senha do Wi-Fi?". Qualquer desculpa para olhá-lo nos olhos e criar uma conexão real, em vez de desaparecer no seu telefone e impedir que ele, ou qualquer outra pessoa nesse café ou fila do táxi ou qualquer fila, te aborde e comece uma conversa.

Essas interações casuais estão desaparecendo por causa do nosso foco em nossos celulares. Isso quer dizer que estamos perdendo os pequenos aperitivos das pessoas. Além do que, nós temos menos prática nisso, e então achamos essas primeiras conversas — um começo necessário para qualquer relacionamento — assustadoras quando elas não precisam ser. Portanto, comece a praticar.

O benefício extra de um encontro genuíno é que você consegue dizer imediatamente se vale a pena ir atrás dele, enquanto que, se você o conheceu on-line, não tem ideia. Pode levar mais 250 mensagens até vocês tomarem um café e você perceber que não vai dar. Mas se vocês estão um de frente para o outro, enchendo o tanque do carro, ou se esbarram com frequência enquanto levam os cachorros para passear, você já consegue medir se há uma conexão. Pense no tempo que vai economizar só de ouvir diretamente a voz dele.

E não se esqueça de arriscar um pouco.

É fácil se fechar em um conjunto de regras a respeito de como seu futuro parceiro deveria ser ou não.

Uma amiga uma vez surtou porque certa manhã o namorado novo dela deixou um bilhete dizendo "Nós certamente devemos nos ver de novo". O problema é que ele escreveu *certamente* com S. Sim, tipo *sertamente*.

"Eu me formei em Princeton. Não posso sair com alguém que não sabe escrever!", ela gritou.

Mas ela gostou dele e decidiu tentar, e percebeu que eles tinham muita coisa em comum, incluindo uma paixão por comer e cozinhar, e agora, vinte anos depois, eles têm três filhos juntos.

Deixe seus preconceitos de lado. Fazer isso pode te levar a uma ideia de felicidade que você nem sabia que existia.

Prepare-se para se surpreender.

Faço apenas duas exigências para as pessoas com quem trabalho, na verdade. Chegue na hora e divirta-se. Você pode aplicá-las aos primeiros encontros.

Já demonstramos que encontros podem ser difíceis, mas não precisam ser. Atitude é tudo. Eu amo a descrição que Hewlett faz de *florescer*. Também tem a ver com aliviar a pressão sobre essa pessoa que resolverá todos os seus problemas. A princesa esperando seu príncipe. Suba no seu próprio cavalo. E, enquanto aprende a cavalgar, procure alguém que possa marchar, trotar ou até mesmo galopar ao seu lado.

A indústria do casamento aumenta a pressão de encontrar "a pessoa certa". O casamento se tornou essa miragem na nossa cultura e o foco está mais na festa — que pode custar dezenas e, às vezes, centenas de milhares de dólares — do que na união sendo celebrada. As mulheres passam mais tempo com suas cerimonialistas escolhendo que tipo de canapés e vinho servir, que flores levar, do que com um terapeuta de casal ou líder religioso que pode prepará-las para o que acontece depois que a lua de mel acaba, os presentes são abertos e os bilhetes de agradecimento enviados.

E então você fica com o trabalho real do casamento. Uma parceria.

Nós não falamos o suficiente sobre os privilégios de um bom relacionamento. Vários estudos provam que relacionamentos sólidos e amorosos que te fazem se sentir querida, respeitada, relaxada e segura são essenciais para a felicidade e a boa saúde. A Universidade de Harvard começou um estudo com 268 homens, todos com dezenove anos, no fim dos anos 1930, e vem monitorando-os, e também suas famílias, desde então. Durante esses anos, o grupo de controle cresceu.[6] Robert Waldinger, o atual diretor-executivo do estudo, relata que os homens em "relacionamentos de baixo grau de conflito"[7] tiveram casamentos felizes e chegaram mesmo a viver mais. Casamentos com alto grau de conflito se mostraram muito ruins para a saúde, "talvez pior do que se divorciar", Waldinger disse em seu TED Talk, que já foi visto por mais de 7 milhões de pessoas. Por outro lado, "viver em meio a relacionamentos bons e calorosos te protege".[8]

E lembre-se: não é antiquado querer achar um parceiro e ter filhos. Durante os meses horríveis imediatamente após o Onze de Setembro, um texto se destacou na cacofonia. Em um artigo para o *Guardian,* o maravilhoso romancista inglês Ian McEwan detalhou a história de um marido que perdeu a ligação apavorada de sua mulher chorosa e foi forçado a mandar para equipes de notícias a mensagem final dela, que foi deixada na secretária eletrônica da família. O fogo estava fora de controle e não havia como sair da torre.

Ela estava ligando para se despedir.

"Só uma coisa havia restado a ela para dizer",[9] Ian escreveu. "Aquelas três palavras que toda a arte ruim, as piores músicas pop e os piores filmes, as mentiras mais sedutoras, nunca conseguem esvaziar. 'Eu te amo.' Ela disse, de novo e de novo, até que a ligação caísse."

Eu te amo.

Eu te amo.

Eu te amo.

Eu te amo.

Eu te amo.

Amor.

O alimento da vida. Nós o desejamos, nós dependemos dele e, de tantas formas, é tudo que importa no final. Quem você amou e quem te amou de volta. E é por isso que devemos escolher bem e com sabedoria.

Minha regra final é simples. A vida é um banquete. Então ache seu lugar na mesa e ame alguém que sabe que você é especial e te ame de volta. Você merece.

Agradecimentos

ANTES DE TUDO, UM enorme obrigada a Liz Welch, minha coautora, que transformou todos os momentos de pesquisa e escrita deste livro este livro com ela um prazer. Sua diligência, curiosidade, inteligência extrema, organização e atenção a prazos foram um presente. Eu mal posso esperar para repetir a dose.

Um enorme obrigada também a Jonathan Burnham, na HarperCollins, por confiar em mim para escrever este texto e por me combinar com a maravilhosa editora Jennifer Barth, cuja inteligência extrema e delicadeza me colocaram, em momentos cruciais, em uma direção muito melhor.

À capista Robin Bilardello e toda a equipe da HarperCollins: Tina Andreadis, Leslie Cohen, Stephanie Cooper, Doug Jones e Erin Wicks.

A Bob Barnett, que me educou sobre o meio editorial de Nova York em meio a muitos milk-shakes de chocolate maltado do Shake Shack.

Por terem compartilhado comigo de forma tão generosa suas ideias notáveis, sabedoria e pesquisa: David Adams; Mary Aiken, Ph.D.; Gail Dines, Ph.D.; Leah Fessler; Helen Fisher, Ph.D.;

Cindy Gallop; Justin Garcia, Ph.D.; Elizabeth Gregory, Ph.D.; Sarah Hepola; Sylvia Ann Hewlett; David Jernigan, Ph.D.; Steve Kardian; Marcelle Karp; Ian Kerner, Ph.D.; Logan Levkoff; Wednesday Martin, Ph.D.; Esther Perel; Sean Rad; Tanya Selvaratnam; Rachel Sklar; Julie Spira; Jean Twenge, Ph.D.; Sharon Wilsnack, Ph.D.; e Whitney Wolfe.

E aos fantásticos editores da *Cosmopolitan* e da *Marie Claire*, com quem eu discuti, aprendi, briguei e me acabei de rir. Eles são ousados, divertidos e fabulosos: Joyce Chang, Leslie Yazel, Sara Austin, Laura Brounstein, Marina Khidekel, Abigail Pesta, Lea Goldman, Emily Johnson, Angela Ledgerwood, Lucy Kaylin, Anne Fulenwider, Julie Vadnal, Emily Johnson, Holly Whidden, Michele Promaulayko, Leah Wyar, Aya Kanai, Tiffany Reid, Amy Odell, Lori Fradkin, Kate Lewis, Matthew Hussey, Steven Brown, James Worthington DeMolet, Logan Hill e Sergio Kletnoy.

À minha brilhante, paciente e engenhosa assistente, Heather Passaro.

E a duas das melhores editoras nesse negócio, Nancy Berger e Donna Lagani.

A Jennifer Kelly Geddes, que checou os fatos, a Martha Sorren, responsável pelas transcrições, e a todos os primeiros leitores, incluindo Gabriella Cirelli e Olivia Winn.

Aos meus colegas da Hearst, David Carey e Michael Clinton, cujo apoio diário, inteligência e senso de humor tornam trabalhar um prazer.

A Dave Bernard, o produtor-executivo e toda a equipe na Freeform, comandada por Karen Burke, Tom Achei e Simram Sethi, que encorajaram todos em *The Bold Type* a serem o mais reais e autênticos possível quando se tratava de questões que impactam mulheres jovens.

E ao elenco genial de Melora Hardin, Katie Stevens, Meghann Fahy, Aisha Dee, Sam Page e Matt Ward, cujo talento e técnica trouxeram para a tela muitas dessas questões complicadas de forma muito eficiente.

E aos meus amigos e colegas autores que me encorajaram e ofereceram sugestões enquanto eu resmungava para eles por passar meus fins de semana escrevendo: Jane Thynne, Daisy Goodwin, Georgina Godwin, Colleen DeCourcy, Sheryl Sandberg, Arianna Huffington, Mika Brzezinski, Nell Scovell, Deb Spar e Susan Mercandetti, por me incentivarem a terminar logo o livro.

Para mamãe, papai, Liz, Con, Mary, Peter, Thomas e Hugo.

E um agradecimento especial às muitas, muitas pessoas que confiaram a mim ao longo dos anos suas histórias pessoais, frustrações e desejos, e que, por questões de privacidade, não quiseram seus nomes reais publicados no livro. Como eu disse no prefácio, este livro é para vocês.

Notas

Prefácio

1. Pollan, Michel. *Regras da comida*. Rio de Janeiro: Intrínseca, 2010.

Regra #1: Estabeleça seu peso de amor ideal.

1. Cooley, Charles. "The Looking-Glass Self". In: *Social Theory: The Multicultural, Global, and Classic Readings*. Filadélfia (PA): Westview Press, 2013, p. 189.

2. Aiken, Mary. *The Cyber Effect: A Pioneering Cyberpsychologist Explains How Human Behavior Changes Online*. Nova York: Spiegel Grau, 2016.

Regra #2: Limpe seus armários e arrume a geladeira.

1. Fisher, Helen. *Anatomia do amor*. São Paulo: Eureka, 1995.

2. EUA Department of Education, National Center for Education Statistics. "Total fall enrollment in degree-granting postsecondary institutions, by attendance status, sex of student, and control of institution: Select years, 1947 through 2023". *The Condition of Education 2017* (NCES 2017–144), Quadro 303.10. Disponível em: <https://nces.ed.gov/programs/digest/d13/tables/dt13_303.10.asp>. Acesso em: 19 set. 2018.

Regra#3: Faça um *detox* de namoro para recalibrar seu metabolismo.

1. Fessler, Leah. "A Lot of Women Don't Enjoy Hookup Culture — So Why Do We Force Ourselves to Participate?". *Quartz*, 17 maio. 2016. Disponível em: <https://qz.com/685852/hookup-culture/>. Acesso em: 19 set. 2018.

Regra #4: A esteira não corre sozinha. Suba e comece.

1. Perel, Esther. *Casos e casos*. Rio de Janeiro: Objetiva, 2018.

2. Smith, Aaron & Anderson, Monica. "5 Facts About Online Dating". Washington: Centro de Pesquisas Pew, 29 fev. 2017. Disponível em: <www.pewresearch.org/fact-tank/2016/02/29/5-facts-about-online-dating/>. Acesso em: 19 set. 2018.

3. Ibid.

4. Walther, Joseph P. "Computer-Mediated Communication: Impersonal, Interpersonal, and Hyperpersonal Interaction". *Communication Research*, v. 23, nº 1, pp. 3-43, fev. 1996.

5. Misoch, Sabina. "Stranger on the Internet: Online Self-Disclosure and the Role of Visual Anonymity". *Computers in Human Behavior*, St Gallen, v. 48, pp. 535-42, jul. 2015.

6. Fullwood, Chris, Thelwall, Mike & O'Neill, Sam. "Clandestine Chatters: Self-Disclosure in u.k. Chat Room profiles". *First Monday*, Chicago, v. 16, nº 5, maio. 2011. Disponível em: <https://firstmonday.org/ojs/index.php/fm/article/view/3231/2954>. Acesso em: 19 set. 2018.

7. National Crime Agency. *Emerging New Threat in Online Dating: Initial Trends in Internet Dating Initiated Serious Sexual Assaults*, 7 fev. 2017. Disponível em: <www.nationalcrimeagency.gov.uk/publications/670-emerging-new-threat-in-online-dating-initial-trends-in-internet-dating-initiated-serious-sexual-assaults/file>. Acesso em: 19 set. 2018.

8. Ibid.

9. Abbey, Antonia et alii. "Alcohol and Sexual Assault". National Institute on Alcohol Abuse and Alcoholism. Disponível em: <https://pubs.niaaa.nih.gov/publications/arh25-1/43-51.htm>. Acesso em: 19 set. 2018.

10. Gray, Ben. "The Best Dating Apps to Get Before Valentine's Day". *ARC Report*, Applause, 2 fev. 2016. Disponível em: <https://arc.applause.com/2016/02/10/best-and-worst-dating-apps-for-2016/>. Acesso em: 19 set. 2018.

11. Wolfe, Whitney. "Bumble Celebrates First Movers for International Women's Day". *The Beehive*, Bumble.com, 7 mar. 2017. Disponível em: <http://blog.bumble.com/bumbleblog/international-womens-day2017>. Acesso em: 19 set. 2018.

Regra #5: Escolha as receitas certas para o seu tipo de namoro.

1. Smith, Aaron. "15% of American Adults Have Used Online Dating Sites or Mobile Dating Apps". Washington: Centro de Pesquisas Pew. 11 fev. 2016. Disponível em: <www.pewinternet.org/2016/02/11/15-percent-of-american-adults-have-used-online-dating-sites-or-mobile-dating-apps/>. Acesso em: 19 set. 2018.

2. Kardian, Steve. *The New Super Power for Women: Trust Your Intuition, Predict Dangerous Situations, and Defend Yourself from the Unthinkable*. Nova York: Touchstone, 2017.

3. Lenhart, Amanda, Ybarra, Michelle & Price-Feeney, Myeshia. “Nonconsensual Image Sharing: One in 25 Americans Has Been a Victim of ‘Revenge Porn’”. Nova York: Data & Society Research Institute. 13 dez. 2016. Disponível em: <https://datasociety.net/pubs/oh/Nonconsensual_Image_Sharing_2016.pdf>. Acesso em: 19 set. 2018.

4. Love, Relationships and Technology. McAfee, 4 fev. 2014. Disponível em: <https://promos.mcafee.com/offer.aspx?id=605366>. Acesso em: 19 set. 2018.

5. Garcia, Justin et alii. “Sexting Among Singles in the usa: Prevalence of Sending, Receiving, and Sharing Sexual Messages and Images”. *Sexual Health*. v. 13, nº 5, pp. 428-35, 29 jul. 2016. Disponível em: <www.ncbi.nlm.nih.gov/pubmed/27470210>. Acesso em: 19 set. 2018.

Regra #6: Você não vai emagrecer comendo a mesma m*rda de antes.

1. Cohn, D’Vera, Passel, Jeffrey S., Wang, Wendy & Livingston, Gretchen. “Barely Half of US Adults Are Married — A Record Low: New Marriages Down 5% from 2009 to 2010”. Washington: Centro de Pesquisas Pew. 14 dez. 2011. Disponível em: <www.pewsocialtrends.org/2011/12/14/barely-half-of-u-s-adults-are-married-a--record-low/>. Acesso em: 19 set. 2018.

2. Traister, Rebecca. *All the Single Ladies: Unmarried Women and the Rise of an Independent Nation*. Nova York: Simon & Schuster, 2016.

3. Fisher, Helen & Garcia, Justin R. “Singles in America: 2017”. *Match.com*. Disponível em: <www.singlesinamerica.com/2017/>. Acesso em: 19 set. 2018.

Regra #7: Chega de comidas para se sentir confortável. Está tudo bem sentir um pouco de fome.

1. Argiolas, Antonio e Melis, Maria. R. “Dopamine and Sexual Behavior”. *Neuroscience & Biobehavioral Reviews*. Nova York: v. 19, nº 1, pp. 19-38, 1995. Disponível em: <www.ncbi.nlm.nih.gov/pubmed/7770195>. Acesso em: 19 set. 2018.

2. Dunbar, Robin I. M. “Coevolution of Neocortical Size, Group Size and Language in Humans”. *Behavioral and Brain Sciences*. Cambridge: v. 16, nº 4, pp. 681-745, 1993.

Regra #8: Álcool não é um grupo alimentício. Respeite seus limites.

1. Federal Bureau of Investigation. "Drugs/Narcotics and Alcohol Involvement". *Uniform Crime Reporting, National Incident-Based Reporting System*. Disponível em: <https://ucr.fbi.gov/nibrs/2012/table-pdfs/drugs-narcotics-and-alcohol-involvement-by-offense-category-2012>. Acesso em: 19 set. 2018.

2. Abbey, Antonia et alii. "Alcohol and Sexual Assault". *National Institute on Alcohol Abuse and Alcoholism*. Disponível em: <https://pubs.niaaa.nih.gov/publications/arh25-1/43-51.htm>. Acesso em: 19 set. 2018.

3. Franzen, Harold. "Enzyme Lack Lowers Women's Alcohol Tolerance". *Scientific American*, 16 abr. 2001.

4. Eua. National Institute of Health. "Drinking Levels Defined". *Alcohol Facts and Statistics on Alcohol Abuse and Alcoholism*. Disponível em: <www.niaaa.nih.gov/alcohol-health/overview-alcohol-consumption/moderate-binge-drinking>. Acesso em: 19 set. 2018.

5. Hepola, Sarah. *Blackout: Remembering the Things I Drank to Forget*. Nova York: Grand Central Publishing, 2015.

6. Eua. National Institute of Health. *Alcohol Facts and Statistics on Alcohol Abuse and Alcoholism*. Disponível em: <www.healthdata.org/news-release/heavy-drinking-and-binge-drinking-rise-sharply-uscounties>; e em: <www.collegedrinkingprevention.gov/media/collegedrinkingFactSheet.pdf>. Acesso em: 19 set. 2018.

7. Dwyer-Lindgren, Laura et alii. "Drinking Patterns in US Counties from 2002 to 2012". *American Journal of Public Health*. Nova York: v. 105, nº 6, pp. 1120-1127, jun. 2015. Disponível em: <www.ncbi.nlm.nih.gov/pubmed/25905846>. Acesso em: 19 set. 2018.

8. Kindy, Kimberly & Keating, Dan. "For Women, Heavy Drinking Has Been Normalized. That's Dangerous". *Washington Post*, 23 dez. 2016. Disponível em: <www.washingtonpost.com/national/for-women-heavy-drinking-has-been-normalized--thats-dangerous/2016/12/23/0e701120-c381-11e6-9578 0054287507db_story.html?utm_term=.08b3f8809528>. Acesso em: 19 set. 2018.

9. Patrick, Megan E. & Maggs, Jennifer L. "Does Drinking Lead to Sex? Daily Alcohol-Sex Behaviors and Expectancies Among College Students". *Psychology of Addictive Behaviors*. Indianápolis: v. 23, nº 3, pp. 472-81, set. 2009.

10. White, Aaron & Hingson, Ralph. "The Burden of Alcohol Use: Excessive Alcohol Consumption and Related Consequences Among College Students". *Alcohol Research: Current Reviews*, v. 35, nº 2. Disponível em: <https://pubs.niaaa.nih.gov/publications/arcr352/201-218.htm>. Acesso em: 19 set. 2018.

11. Alcohol Facilitated Sexual Assault. Virginia State University, 1995. Disponível em: <www.vsu.edu/counseling/substance-abuse/alcohol-and-sexual-assault.php>. Acesso em: 19 set. 2018.

12. EUA. Distilled Spirits Council. *Code of Responsible Practices for Beverage Advertising and Marketing*. 26 maio 2011.Disponível em: <www.discus.org/assets/1/7/May_26_2011_DISCUS_Code_Word_Version1.pdf>. Acesso em: 19 set. 2018.

13. EUA. National Institute of Health and Humans Services. "Underage Drinking". *Research Portfolio Online Reporting Tools (RePORT)*. out. 2010. Disponível em: <https://report.nih.gov/NIHfactsheets/ViewFactSheet.aspx?csid=21>. Acesso em: 19 set. 2018.

14. EUA. Centers for Disease Control and Prevention. "Binge drinking". *Alcohol and Public Health*. 2017. Disponível em: <www.cdc.gov/alcohol/fact-sheets/binge-drinking.htm>. Acesso em: 19 set. 2018.

15. SHIVANI, Ramesh, GOLDSMITH, R. Jeffrey & ANTHENELLI, Robert M. *Alcoholism and Psychiatric Disorders*. National Institute on Alcohol Abuse and Alcoholism. Disponível em: <pubs.niaaa.nih.gov/publications/arh26-2/90-98.htm>. Acesso em: 19 set. 2018.

16. FUTTY, John. "Woman Who Livestreamed Girl's Rape Sentenced to Nine Months". *Columbus Dispatch*, 13 fev. 2017. Disponível em: <www.dispatch.com/news/20170213/woman-who-live-streamed-girls-rape-sentenced-to-nine-months>. Acesso em: 19 set. 2018.

17. EUA. National Sexual Violence Resource Center. *Statistics About Sexual Violence*. Disponível em: <www.nsvrc.org/sites/default/files/publications_nsvrc_factsheet_media-packet_statistics-about-sexual-violence_0pdf>. Acesso em: 19 set. 2018.

REGRA #9: FICADAS SÃO COMO BATATAS FRITAS.

1. TWENGE, Jean, SHERMAN, Ryne A. & WELLS, Brooke E. "Sexual Inactivity During Young Adulthood Is More Common Among US Millennials and iGen: Age, Period, and Cohort Effects on Having No Sexual Partners After Age 18". *Archives of Sexual Behavior*, v. 46, nº 2, pp. 433-40, fev. 2017.

2. MAGON Navneet & KALRA, Sanjay. "The Orgasmic History of Oxytocin: Love, Lust, and Labor". *Indian Journal of Endocrinology and Metabolism*, Mumbai, v. 15, supl. 3, pp. S156-S161, set. 2011.

3. GARCIA, Justin R. et al. "Sexual Hookup Culture: A Review". *Review of General Psychology*, v. 16, nº 2, pp. 161-76, 2012. Disponível em: <www.ncbi.nlm.nih.gov/pubmed/23559846>. Acesso em: 19 set. 2018.

4. KERNER, Ian. *She Comes First: The Thinking Man's Guide to Pleasuring a Woman*. Nova York: HarperCollins, 2010.

5. ARMSTRONG, Elizabeth, ENGLAND, Paula & FOGARTY, Alison C. K. "Accounting for Women's Orgasm and Sexual Enjoyment in College Hookups and Relationships". *American Sociological Review*, v. 77, nº 3, pp. 435-62, 1 jun. 2012. Disponível em: <https://doi.org/10.1177/0003122412445802>. Acesso em: 19 set. 2018.

6. Martin, Wednesday. *Untrue: Why Nearly Everything We Believe About Women, Lust, and Infidelity Is Wrong and How the New Science Can Set Us Free.* Nova York: Little Brown, 2018.

7. Dawson, Samantha J. & Chivers, Meredith L. "Gender Differences and Similarities in Sexual Desire". *Current Sexual Health Reports*, v. 6, nº 4, pp. 211-19, dez. 2014. Disponível em: <https://link.springer.com/article/10.1007/s11930-014-0027-5>. Acesso em: 19 set. 2018.

Regra #10: Pornô é como mascar chiclete: não passa de sabores artificiais.

1. Dines, Gail. *Pornland: How Porn Has Hijacked Our Sexuality*. Boston: Beacon Press, 2010.

2. Pornhub. "Pornhub's 2016 Year in Review". *Pornhub Insights,* 4 jan, 2017. Disponível em: <www.pornhub.com/insights/2016-year-in-review>. Acesso em: 19 set. 2018.

3. O'Connor, Maureen. "Pornhub is the Kinsey Report of our Time". *The Cut*, Nova York, 11 jun. 2017. Disponível em: <www.thecut.com/2017/06/pornhub--and-the-american-sexual-imagination.html>. Acesso em: 19 set. 2018.

4. Pornhub. "Pornhub's 2016 Year in Review", op. cit.

5. Ibid.

6. M., Nathaniel et alii. "A Love That Doesn't Last: Pornography Consumption and Weakened Commitment to One's Romantic Partner". *Journal of Social and Clinical Psychology*, v. 31, nº 4, pp. 410-38, 2012.

7. What Porn Does to Intimacy: 3 Studies Find That Explicit Material Can Do More Harm Than Most People Think. *Psychology Today*, 16 jul. 2014. Disponível em:< www.psychologytoday.com/intl/blog/tech-support/201407/what-porn--does-intimacy?page=1>. Acesso em: 20 set. 2018.

8. C.f. *MakeLoveNotPorn*. Disponível em: <www.makelovenotporn.com>. Acesso em: 20 set. 2018.

9. Pornhub. "Pornhub's 2016 Year in Review", op. cit.

Regra #11: Consuma apenas açúcares naturais. Os substitutos fazem mal à saúde.

1. Eua. National Coalition Against Domestic Violence. "National Statistics". Disponível em: <http://ncadv.org/learn-more/statistics>. Acesso em: 19 set. 2018.

2. Ibid.

3. Eua. American Psychiatric Association. Definição de transtorno de personalidade narcisista como dado pelo Diagnostic and Statistical Manual of Mental Disorders. *DSM-IV and DSM-5 Criteria for the Personality Disorders*. 2012. Disponível em: <www.psi.uba.ar/academica/carrerasdegrado/psicologia/sitios_catedras/practicas_profesionales/820_clinica_tr_personalidad_psicosis/material/dsm.pdf>. Acesso em: 19 set. 2018.

4. Grijalva, Emily, Newman, Daniel et alii. "Gender Differences in Narcissism — A Meta-Analytic Review". *Psychological Bulletin*, Washington, v. 141, nº 2, pp. 261-310, mar. 2015.

5. Twenge, Jean M. *Generation Me: Why Today's Young Americans Are More Confident, Assertive, Entitled — and More Miserable Than Ever Before*. Nova York: Free Press, 2006.

Regra #12: Confie nos seus instintos e se proteja com probióticos.

1. Kok, Bethany et alii. "How Positive Emotions Build Physical Health". *Psychological Science*, v. 24, nº 7, pp. 123-32, 1 jul. 2013. Disponível em: <https://doi.org/10.1177/0956797612470827>. Acesso em: 13 set. 2018.

2. Suttie, Jill. "How Our Bodies React to Seeing Goodness". *Greater Good Magazine*. Berkeley: University of California, 12 maio 2015. Disponível em: <https://greatergood.berkeley.edu/article/item/how_our_bodies_react_human_goodness>. Acesso em: 19 set. 2018.

3. Eua. Emory Faculty Staff Assistance Program. *Giving of Your Gifts*. Disponível em: <www.fsap.emory.edu/workplace-resources/wellnessmatters/giving-your-gifts.html>. Acesso em: 19 set. 2018.

Regra #13: Estipule seu prazo de validade.

1. Graham, Sarah. "Study Shows Fertility Decline Begins in Late 20s". *Scientific American*, 1 maio. 2002. Disponível em: <www.scientificamerican.com/article/study-shows-fertility-dec/>. Acesso em: 19 set. 2018.

2. Chiarella, Tom. "Cameron Diaz Is the Best She's Ever Been". *Esquire*, Nova York, ago. 2014. Disponível em: </www.esquire.com/entertainment/interviews/a32839/cameron-diaz-story-0814/>. Acesso em: 19 set. 2018.

3. Koehler, Sezín. "8 Reasons Why I Am Not Having Children". *HuffPost*, 15 set. 2014. Disponível em: <www.huffingtonpost.com/sezin-koehler/8-reasons-why-im-not-having-children-childfree_b_5705311.html>. Acesso em: 19 set. 2018.

4. VERNON, Polly. "Why I Don't Want Children". *The Guardian*, Londres, 7 fev. 2009. Disponível em: <www.theguardian.com/lifeandstyle/2009/feb/08/motherhood-children-babies1>. Acesso em: 19 set. 2018.

5. SELVARATNAM, Tanya. *The Big Lie: Motherhood, Feminism, and the Reality of the Biological Clock*. Amherst (NY): Prometheus Books, 2014.

6. HEWLETT, Sylvia Ann. *Maternidade tardia: Mulheres profissionais em busca da realização plena*. Barueri: Novo Século, 2008.

7. FEMALE Age Related Fertility Decline. *The American Congress of Obstetricians and Gynecologists*, Committee Opinion, nº 589, mar. 2014. Disponível em: <www.acog.org/Resources-And-Publications/Committee-Opinions/Committee-on--Gynecologic-Practice/Female-Age-Related-Fertility-Decline>. Acesso em: 10 set. 2018.

8. LEWIN, Tamar. "Barbies from Skin Cells? Prospect Is Unsettling to Some Experts". *New York Times*, Nova York, 16 maio. 2017. Diponível em: <www.nytimes.com/2017/05/16/health/ivg-reproductive-technology.html?_r=0>. Acesso em: 20 set. 2018.

9. EUA. Society for Assisted Reproductive Technology. *Success Rates*. Disponível em: <www.sart.org/SART_Success_Rates/>. Acesso em: 20 set. 2018.

10. KINCAID, Ellie. "The Success Rates from IVF Are Nowhere Near What People Think". *Business Insider,* Austrália, 29 maio. 2015. Disponível em: <www.businessinsider.com.au/in-vitro-fertilization-ivf-success-rates-2015-5>. Acesso em: 20 set. 2018.

11. EUA. Society for Assisted Reproductive Technology. *FAQ: What is the cost of IVF?*. Disponível em: <www.sart.org/patients/frequently-asked-questions/>. Acesso em: 20 set. 2018.

12. ALTERNATIVE Parenting Center. Disponível em: <www.alp.org.il/page/142.html>. Acesso em: 20 set. 2018.

13. GREGORY, Elizabeth. *Ready: Why Women Are Embracing the New Later Motherhood*. Nova York: Basic Books, 2007.

14. C.f. BASAL Antral Follicle Count. *Fertility Testing*. Reproductive Medicine Associates. Disponível em: <www.rmact.com/getting-started/fertility-testing/basal-antral-follicle-count>. Acesso em: 20 set. 2018.

15. HYSTEROSALPINGOGRAM. *WebMD*. Disponível em: <www.webmd.com/women/hysterosalpingogram-21590#1>. Acesso em: 20 set. 2018.

16. OVARIAN Hyperstimulation Syndrome. *Mayo Clinic*. Disponível em: <www.mayoclinic.org/diseases-conditions/ovarian-hyperstimulation-syndrome-ohss/home/ovc-20263580>. Acesso em: 20 set. 2018.

REGRA #15: A VIDA É UM BANQUETE. OCUPE SEU LUGAR NA MESA.

1. Fisher, Helen. "Casual Sex May Be Improving America's Marriages: One--Night Stands and Friends with Benefits Are Just What Your Brain Ordered". *Nautilus*, Nova York, 5 mar. 2015. Disponível em: <http://nautil.us/issue/22/slow/casual-sex-is-improving-americas-marriages>. Acesso em: 20 set. 2018.

2. Eua. American Psychological Association. *Marriage and Divorce*. Disponível em: <www.apa.org/topics/divorce/>. Acesso em: 20 set. 2018.

3. Wang, Weng & Parker, Kim. "Record Share of Americans Have Never Married". Washigton: Centro de Pesquisas Pew. 24 set. 2014. Disponível em: <http://www.pewsocialtrends.org/2014/09/24/record-share-of-americans-have-never-married/>. Acesso em: 20 set. 2018.

4. Singles in America. *Match.com*. Disponível em: <www.multivu.com/players/English/8024551-MATCH-7th-annual-singles-in-america-study/>. Acesso em: 20 set. 2018.

5. Hewlett, Sylvia Ann & Marshall, Melinda. "Women Want Five Things". *Center for Talent Innovation*, 9 dez. 2014. Disponível em: <www.citywomen.co.uk/wp-content/uploads/2015/03/WomenWant-FiveThings_ExecSumm-CTI.pdf>. Acesso em: 20 set. 2018.

6. Harvard Second Generation Study. Disponível em: <www.adultdevelopmentstudy.org>. Acesso em: 20 set. 2018.

7. Mineo, Liz. "Good Genes Are Nice, But Joy Is Better". *Harvard Gazette*, 11 abr. 2017. Disponível em: <http://news.harvard.edu/gazette/story/2017/04/over--nearly-80-years-harvard-study-has-been-showing-how-to-live-a-healthy-and--happy-life/>. Acesso em: 20 set. 2018.

8. Ibid.

9. McEwan, Ian. "Only Love and Then Oblivion. Love Was All They Had to Set Against Their Murderers". *The Guardian*, Londres, 15 set. 2001. Disponível em: <www.theguardian.com/world/2001/sep/15/september11.politicsphilosophyandsociety2>. Acesso em: 20 set. 2018.

Leitura Recomendada

Além das obras escritas por especialistas que são citados nesse livro, aqui vão alguns títulos recomendados:

ADICHIE, Chimamanda Ngozi. *Sejamos todos feministas*. São Paulo: Companhia das Letras, 2015.

ANSARI, Aziz. *Romance moderno*. São Paulo: Paralela, 2016.

DUCKWORTH, Angela. *Garra: o poder da paixão e da perseverança*. Rio de Janeiro: Intrínseca, 2016.

DUNHAM, Lena. *Não sou uma dessas*. Rio de Janeiro: Intrínseca, 2014.

GRIGORIADIS, Vanessa. *Blurred Lines: Rethinking Sex, Power, and Consent on Campus*. Nova York: Houghton Mifflin Harcourt, 2017.

LEVY, Ariel. *As regras não se aplicam*. Rio de Janeiro: Globo Livros, 2018.

MORAN, Caitlin. *Como ser mulher*. São Paulo: Paralela, 2012.

____________. *Moranifesto*. Nova York: Harper Perennial, 2016.

ORENSTEIN, Peggy. *Garotas & sexo*. Rio de Janeiro: Zahar, 2017.

PAUL, Pamela. *Pornified: How Pornography Is Damaging Our Lives, Our Relationships, and Our Families*. Nova York: Henry Holt, 2005.

SENIOR, Jennifer. *Muita alegria, pouca diversão: o paradoxo da vida com filhos*. Rio de Janeiro: Rocco, 2015.

TRAISTER, Rebecca. *All the Single Ladies: Unmarried Women and the Rise of an Independent Nation*. Nova York: Simon and Schuster, 2016.

TURKLE, Sherry. *Reclaiming Conversation: The Power of Talk in a Digital Age*. Nova York: Penguin Press, 2015.

____________. *Alone Together: Why We Expect More from Technology and Less from Each Other*. Nova York: Penguin Press, 2011.

VALENTI, Jessica. *Objeto sexual: memórias de uma feminista*. São Paulo: Cultrix, 2018.

WITT, Emily. *Future Sex: A New Kind of Free Love*. Nova York: Farrar, Straus and Giroux, 2016.

Este livro, composto na fonte Fairfield,
foi impresso em papel Pólen Soft 70g/m², na gráfica Edigráfica.
Rio de janeiro, fevereiro de 2019.